十二生肖

卢普——著

山东美术出版社·济南

图书在版编目（CIP）数据

十二生肖 / 卢普著. — 济南 : 山东美术出版社, 2024.1
 ISBN 978-7-5747-0091-8

Ⅰ. ①十… Ⅱ. ①卢… Ⅲ. ①十二生肖—文化—通俗读物 Ⅳ. ①K892.21-49

中国国家版本馆CIP数据核字(2023)第144633号

责任编辑：郭征南
书籍设计：王海涛

主管单位：山东出版传媒股份有限公司
出版发行：山东美术出版社
　　　　　济南市市中区舜耕路517号书苑广场（邮编：250003）
　　　　　http://www.sdmspub.com
　　　　　E-mail: sdmscbs@163.com
　　　　　电话：（0531）82098268　传真：（0531）82066185
　　　　　山东美术出版社发行部
　　　　　济南市市中区舜耕路517号书苑广场（邮编：250003）
　　　　　电话：（0531）86193019　86193028
制版印刷：山东星海彩印有限公司
开　　本：787mm×1092mm　1/16
印　　张：16.75
字　　数：100千
印　　数：1—1000
版　　次：2024年1月第1版　2024年1月第1次印刷
定　　价：238.00元

毛茸茸的……

十二生肖中，排名第一的是鼠，也就是我们常说的老鼠。传说中，鼠咬天开，老鼠俨然是做了盘古的工作了。

硕鼠硕鼠，无食我黍！
三岁贯女，莫我肯顾。
逝将去女，适彼乐土。
乐土乐土，爰得我所。

鼠为生肖首

牛耕千野绿

牧童骑黄牛,
歌声振林樾。

在人们的印象中,牛勤勤恳恳,吃苦耐劳,无私奉献。牛能耕田,能产乳,吃的是草,挤的是奶,连骨肉和皮毛也为人所用。我们早期的文字甲骨文,就是因刻在龟甲和兽骨上而得名的,这里的兽骨也包括牛骨。羊、猪合称"少牢",牛、羊、猪合称"太牢",太牢是祭祀所用牺牲的最高规格,足见牛的重要性。

如果熟悉《水浒传》，你一定知道虎还有一个有点奇怪的名字——大虫。为什么老虎会叫大虫？原来，古人用"虫"泛指一切动物，而且把虫分为五类：禽为羽虫，兽为毛虫，龟为甲虫，鱼为鳞虫，人为倮虫。这样看，虎首先是毛虫了。"大"有长、为首的意思，如"大哥""老大"；又是敬词，如"大人""大王"等。虎是百兽之王，自然也当得一个"大"字。

虎啸风声远

林暗草惊风,
将军夜引弓。
平明寻白羽,
没在石棱中。

玉兔蟾宮笑

虽然兔子是我们常见的小动物,但是,在传说中,它也颇具神秘色彩。传说兔子有千年的寿命,满五百岁则颜色变白,真是让人对看似平平无奇的小白兔肃然起敬。又有人说,兔子望月而孕,口中吐子,所以叫"兔","兔"的意思就是"吐"。是不是有点匪夷所思?

白兔捣药成,问言与谁餐。

在十二生肖中，排名第五的是龙。龙是我们的祖先想象出来的一种神奇的动物，能够兴云作雨，威力无边。我们的神话很多都和龙有关。前面说过，传说中，孔子拜见老子，就把老子比作神秘的龙，对老子极尽赞美。

龙生九子不成龙，各有所好。

龙行踏绛气

金蛇含瑞草

有神焉，
人首蛇身，
长如辕，
左右有首，
衣紫衣，
冠旃冠，
名曰延维，
人主得而飨食之，
伯天下。

《山海经》记载,有一种巴蛇,能够吞下一头象,三年才消化完,把骨头吐出来。而吃了巴蛇的肉,心和腹就不会生病。也许我们的古人早就发现蛇天赋异禀——嘴能张开到130°到180°,能吞下比自己的头大得多的食物。虽然吞象是夸张的想象,但是蛇囫囵吞下青蛙、老鼠等小型动物和鸡蛋、鸟蛋是不成问题的。"人心不足蛇吞象",很多时候,人比蛇贪婪多了。

在十二生肖中排名第七的，是颇受欢迎的马。马是我国先民最早驯化的"六畜"（马牛羊鸡狗猪，发现了吗？它们全部位列十二生肖之中）之一，它忠诚、勤恳、灵性十足，在漫长的岁月里与人们相伴相随，为人们立下了"汗马功劳"。

白马饰金羁

银鞍照白马,
飒沓如流星。

三 羊 开 景 泰

天苍苍,
野茫茫,
风吹草低见牛羊。

十二生肖中，排名在马之后的是羊。像马、牛一样，羊也是人们最早驯化的"六畜"之一。据说，女娲正月初一造了鸡，初二造了狗，初三造了猪，初四造了羊。

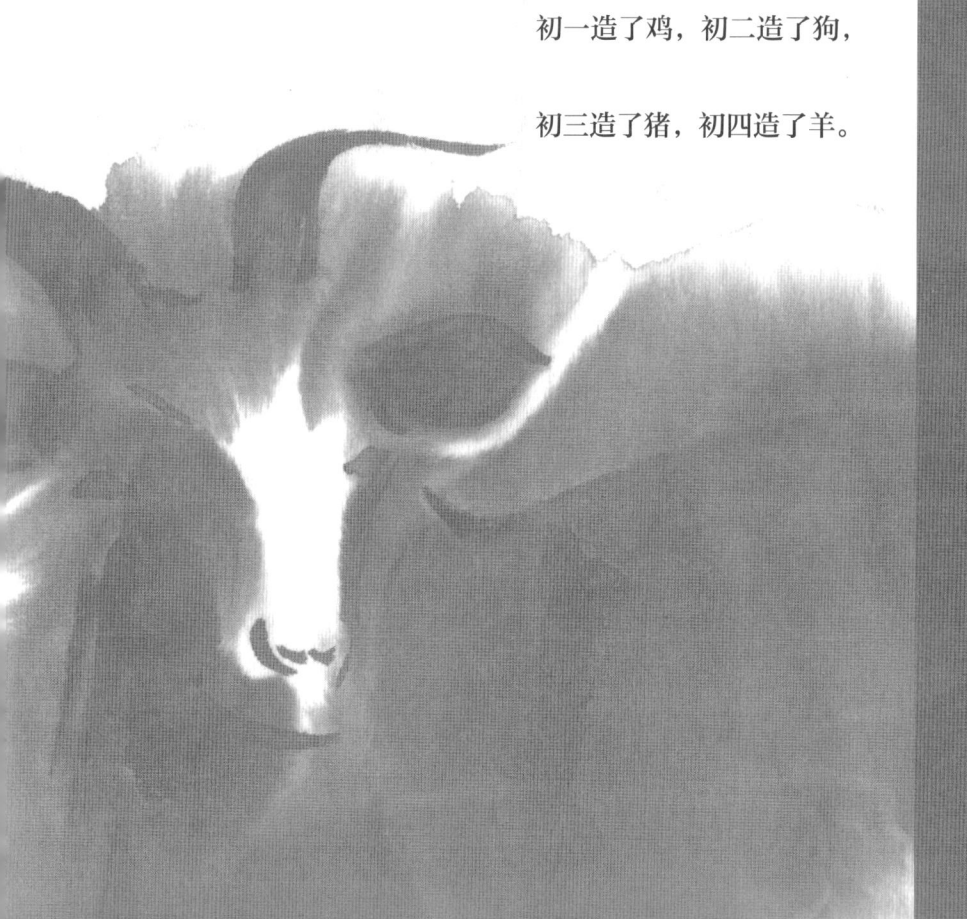

十二生肖中，排在羊后面的是猴，它也是我们非常熟悉的动物。猴和人类一样，是灵长类动物。与其他哺乳动物相比，灵长类动物是很有优势的：大脑发达，智商较高，双手灵活，远超其他动物。比如，猴会用石头砸开坚果取食，黑猩猩则会把树枝伸进白蚁窝"钓"白蚁吃。虽然这与真正的制作和使用工具有着本质区别，但也可见灵长类动物的智慧。

金猴献寿来

身穿金甲亮堂堂,
头戴金冠光映映。
手举金箍棒一根,
足踏云鞋皆相称。
一双怪眼似明星,
两耳过肩查又硬。
挺挺身才变化多,
声音响亮如钟磬。
尖嘴咨牙弼马温,
心高要故齐天圣。

鸡唱天下白

三更灯火五更鸡,
正是男儿读书时。
黑发不知勤学早,
白首方悔读书迟。

十二生肖中，排在猴后面的是鸡。鸡也是我们非常熟悉的一种动物，很早就被人类驯化，成为家禽。"鸡栖于埘。日之夕矣，羊牛下来。"（《诗经·王风·君子于役》）夕阳西下，鸡回到鸡窝，牛羊也慢慢归栏。在漫长的岁月里，鸡一直陪伴着人们。公鸡报晓，母鸡产卵，鸡的肉、蛋、羽毛等都能为人所用。

排在十二生肖第十一位的是狗。狗是"六畜"之一，也是人类最早驯化的动物之一，它们机智、勇敢，陪伴人类走过了漫长的岁月。

很多新石器时代的遗址都出土了狗的骨骼，人们还把日用器物捏成狗的形状，如山东胶州（出土的时候还不叫胶州，而是叫胶县）三里河遗址出土了一个陶鬶，明显能看出是一只狗，湖北天门邓家湾则出土了一些小小的陶狗。

犬喜人归迎野路，鹊营巢稳占低枝。

犬守太平岁

六畜猪为先

小弟闻姊来,
磨刀霍霍向猪羊。

在十二生肖中，猪是最后一个。《三字经》说："马牛羊，鸡犬豕。此六畜，人所饲。"十二生肖中，六畜占据了半壁江山；而六畜中，猪是排在第一位的，所谓"六畜猪为先"。

前言

十二生肖是我国悠久的民俗文化符号，很多孩子小小年纪就能说出自己和亲人的属相，流利地背出"子鼠丑牛寅虎卯兔"，正如他们能流利地背出"床前明月光，疑是地上霜"，这是融入中国人血脉的歌谣。

相比于文字内容，我们更希望读者注意到这本小书的设计。插图既有手绘图又有年画，还有古画和取自汉画像石的图案。手绘图有着水墨着宣纸，缓慢洇染带来的毛茸茸的质感；年画则天真稚拙，体现着民间的审美意趣。

限于水平，本书还有着这样那样的缺点。文字方面，不敢说有何创见；希望至少在颜值方面，不会让各位看官太过失望。

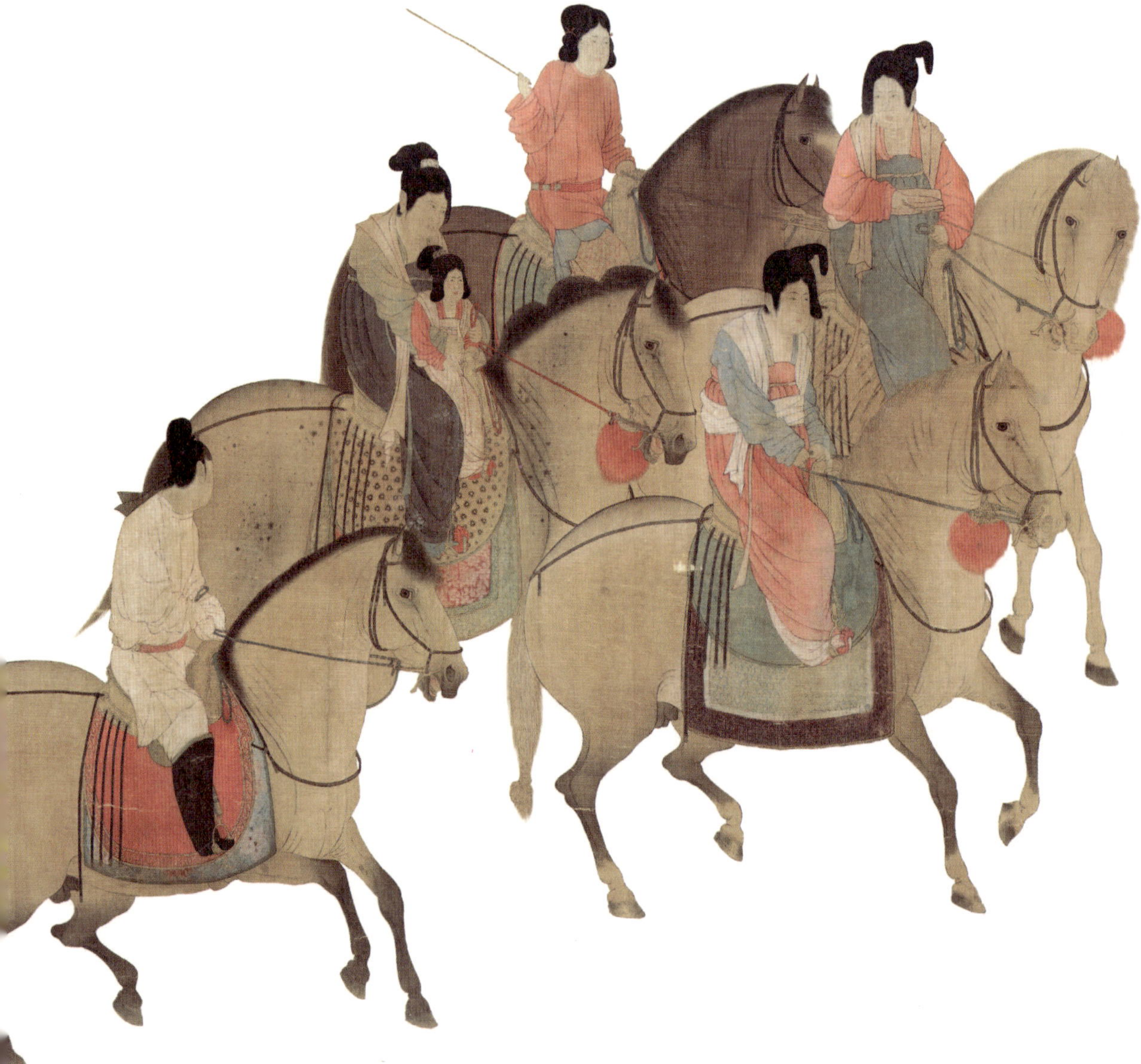

目 录

鼠为生肖首……………………………1

牛耕千野绿……………………………17

虎啸风声远……………………………37

玉兔蟾宫笑……………………………53

龙行踏绛气……………………………67

金蛇含瑞草……………………………85

白马饰金羁……………………………97

三羊开景泰……………………………123

金猴献寿来……………………………139

鸡唱天下白……………………………153

犬守太平岁……………………………169

六畜猪为先……………………………187

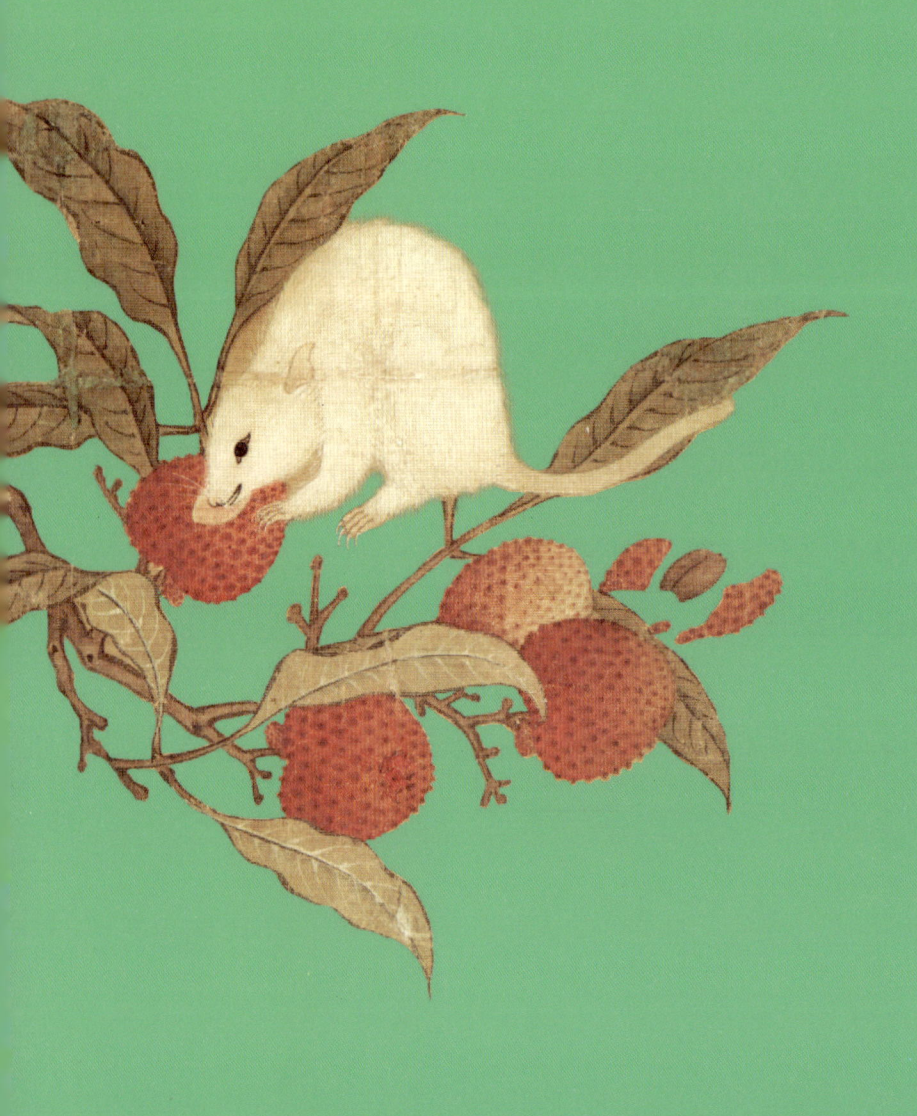

鼠为生肖首

初识老鼠

十二生肖中，排名第一的是鼠，也就是我们常说的老鼠。传说中，鼠咬天开，老鼠俨然是做了盘古的工作了。

说到老鼠，你会想起什么？

老鼠是啮齿动物，身体呈锥形，有大有小。老鼠种类繁多，繁殖速度惊人，生命力很强，能适应恶劣的环境。它们门齿发达，终生生长，不得不经常咬东西磨牙，人们的衣服、家具往往因此遭殃。它们嗅觉灵敏，智商高，身手灵活，打洞上树、爬山涉水都不在话下。

如果地球上的生物论资排辈，人类只能算是"小老弟"。在人类出现以前，老鼠就已经在地球上生活了几千万年。但是，作为高等智慧生物，人类不免以地球的主人自居，按照自身的利益来划分敌友。比如，吃庄稼的是害虫、害鸟，能消灭害虫、害鸟的就是益虫、益鸟。老鼠偷吃人类的劳动果实，咬坏家具、衣服，虽然可恶，但是尚可忍受。真正可怕的是，老鼠能传播多种疾病，其中包括致死率极高的烈性传染病。在医学不发达的年代，这些烈性传染病一旦爆发，人类就大祸临头。有诗为证：

> 东死鼠，西死鼠，
> 人见死鼠如见虎。
> 鼠死不几日，
> 人死如坼堵。
>
> ——师道南《鼠死行》

清代诗人师道南的这首《鼠死行》，真实再现了鼠疫爆发时的人间惨景，读之令人毛骨悚然。在全诗最末，诗人大声疾呼：

> 我欲骑天龙，上天府，
> 呼天公，祈天母，
> 洒天浆，散天乳，
> 酥透九原千丈土。
> 地下人人都活归，
> 黄泉化作回春雨。
>
> ——师道南《鼠死行》

然而，这个美好的愿望没有实现，连诗人自己也死于鼠疫。历史上鼠疫频发，死亡人数以千万计。小小的老鼠，竟能给人类带来灭顶之灾。

看到这里，你是不是对老鼠又恨又怕？其实，老鼠对人类也有不小的贡献。想想看，你是否曾经在新闻或影视剧中看到这样的场景：整洁的实验室，忙碌的科学家，各种各样的仪器，还有……

没错，还有一只只小白鼠。

老鼠生命力强，繁殖速度惊人，所以实验用小白鼠容易繁殖、饲养，成本低廉。老鼠体型较小，便于储存和操作。最重要的是，老鼠的基因和人类比较接近，对大多数药物的抗性和反馈都与人类近似，也会表现出与人类相似的病理特征。综合这些特点，小白鼠成了最理想的实验对象，在人类的科学研究中有着难以代替的位置。

事实上，地球上的每一种生物都对维持生态平衡有重要的意义，小小的老鼠也不例外。如果老鼠灭绝了，以老鼠为食的动物就失去了重要的口粮。它们要么改吃其他的动物，要么因为缺乏食物而慢慢灭亡。无论哪一种情况出现，都是对生态平衡的极大破坏。所以，不管你是不是喜欢它，这小小的老鼠都有大大的价值。

莲实三鼠图

元 钱选

鼠图

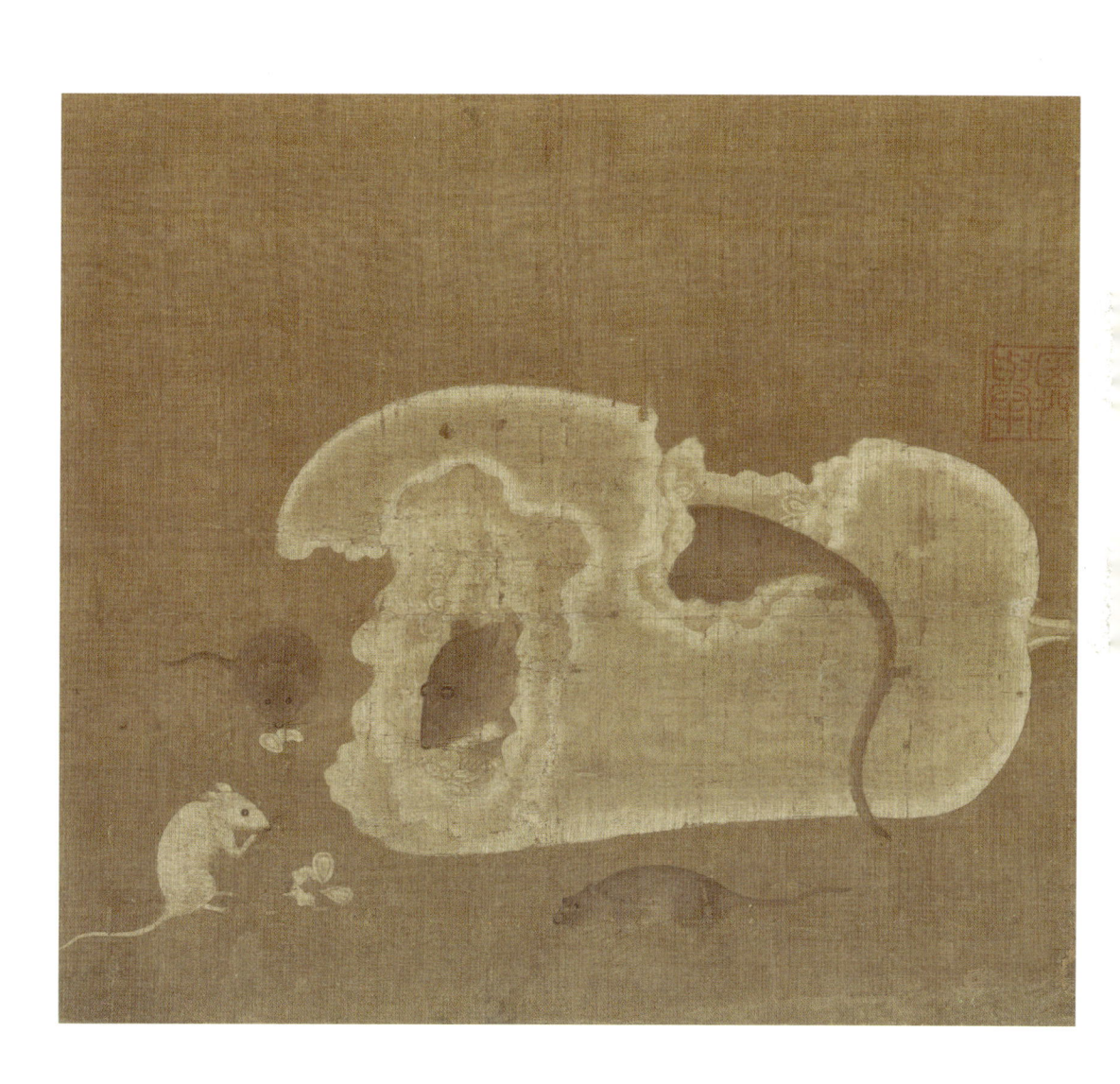

元　钱选（传）

借鼠说事

"老鼠过街,人人喊打。"在汉语中,与鼠有关的成语、俗语也往往带有贬义:贼眉鼠眼、獐头鼠目、蛇鼠一窝、鼠目寸光、胆小如鼠、抱头鼠窜……

早在三千多年前,我们的古人就借鼠说事:

> 硕鼠硕鼠,无食我黍!
> 三岁贯女,莫我肯顾。
> 逝将去女,适彼乐土。
> 乐土乐土,爰得我所。
>
> ——《诗经·魏风·硕鼠》

人们痛恨的"硕鼠"不但贪婪,而且无情。"三岁贯女,莫我肯顾。"辛辛苦苦供养它,换不来它的一丝怜悯。人们发誓要离开它,去到那理想的乐土,希望在那里获得幸福。

一般认为,这首《硕鼠》的主题是控诉剥削者。剥削者横征暴敛,贪婪寡恩,而且非常无耻:

> 相鼠有皮,人而无仪;
> 人而无仪,不死何为?
> 相鼠有齿,人而无止;
> 人而无止,不死何俟?
> 相鼠有体,人而无礼;
> 人而无礼,胡不遄死?
>
> ——《诗经·鄘风·相鼠》

与《硕鼠》相比，这首《相鼠》的控诉更加激烈。"相鼠有皮""相鼠有齿""相鼠有体"，"人而无仪""人而无止""人而无礼"，在寡廉鲜耻的统治者的衬托下，连老鼠都显得没那么差劲了。激烈的批判，辛辣的讽刺，体现了人们对统治者的极度厌恶：这种人不赶快去死还等什么！

人们也把贪污民脂民膏的贪官污吏比作官仓鼠。要说官仓鼠的猖狂，那可是出了名的。在一块汉代画像石中，两只狗对着粮囤上的硕鼠狂吠，却无法化身为猫，飞身上囤。俗话说"狗拿耗子多管闲事"，可是看守粮仓的狗，拿嚣张的耗子没办法，想来会很生气吧！唐代诗人曹邺写道：

> 官仓老鼠大如斗，
> 见人开仓亦不走。
> 健儿无粮百姓饥，
> 谁遣朝朝入君口。
>
> 曹邺《官仓鼠》

在《诗经》成书的年代，老鼠已经出现在人们的房间中了。怎么办？

> 穹室熏鼠，
> 塞向墐户。
>
> 《诗经·豳风·七月》

把鼠洞堵住，把老鼠熏跑。封好北窗，糊严门缝。人们显然是不想和老鼠共处一室的。

灯鼠图

现代 齐白石

五子登科图

五子登科図
芸香

有弹有赞

然而，人类对老鼠的态度又有宽容的一面——把它作为十二生肖的第一个，对它的态度还不够宽容吗？歌谣、故事、年画、剪纸、玩具……都有老鼠的身影。

> 小老鼠，上灯台。
> 偷油吃，下不来。
> 喵喵喵，猫来了，
> 叽里咕噜滚下来。

相信很多读者都对这首有趣的童谣耳熟能详。虽然不同的版本文字稍有出入，但内容大同小异。对这只馋嘴的小老鼠，人们的态度是宽容的，语气是调侃的，没有幸灾乐祸，更没有必要置之死地而后快的仇恨。

国画大师齐白石以画虾闻名于世，其实他笔下的老鼠也一样天趣洋溢。《灯鼠图》中，画家用老鼠的口吻写道：

> 蜡烛光明如白昼，
> 不愁人见岂为偷？

强词夺理，却又风趣俏皮，和孔乙己的"窃书不能算偷"有异曲同工之妙，让人莞尔。

在民间，鼠也并非全是反面形象。

老鼠繁殖能力强，葫芦、石榴多子，南瓜有"瓜瓞绵绵"之意，白菜则谐音"百财"。它们"强强联合"之后，寓意更加吉祥。"老鼠与葫芦""老鼠与石榴"等，寓意多子多孙；"老鼠偷南瓜"，寓意瓜瓞绵绵；"老鼠偷白菜"，寓意"百子百财"。这些都是民间艺术经常表现的题材。

谈到与鼠相关的民间艺术题材，就不能不说大名鼎鼎的"老鼠嫁女"。鲁迅先生幼时就深受其感染。

尖腮细腿的小老鼠，穿着红衫绿裤，何等可爱！

在古典小说《三侠五义》中，各怀绝技的五个英雄人物都以"鼠"为号，称为"五鼠"，也就是书名中的"五义"。他们不是令人不齿的鼠辈，而是为国为民的侠客。可见老鼠在人们心目中也并非全是负面形象哩。

> 我的床前就帖着两张花纸，一是"八戒招赘"，满纸长嘴大耳，我以为不甚雅观；别的一张"老鼠成亲"却可爱，自新郎、新妇以至傧相、宾客、执事，没有一个不是尖腮细腿，象煞读书人的，但穿的都是红衫绿裤。
>
> 鲁迅《狗·猫·鼠》

花鸟图页之三

赵伯驹（传）
南宋

明 佚名　瓜鼠图

菖蒲鼠荔图 明 朱瞻基

苦瓜鼠图　明　朱瞻基

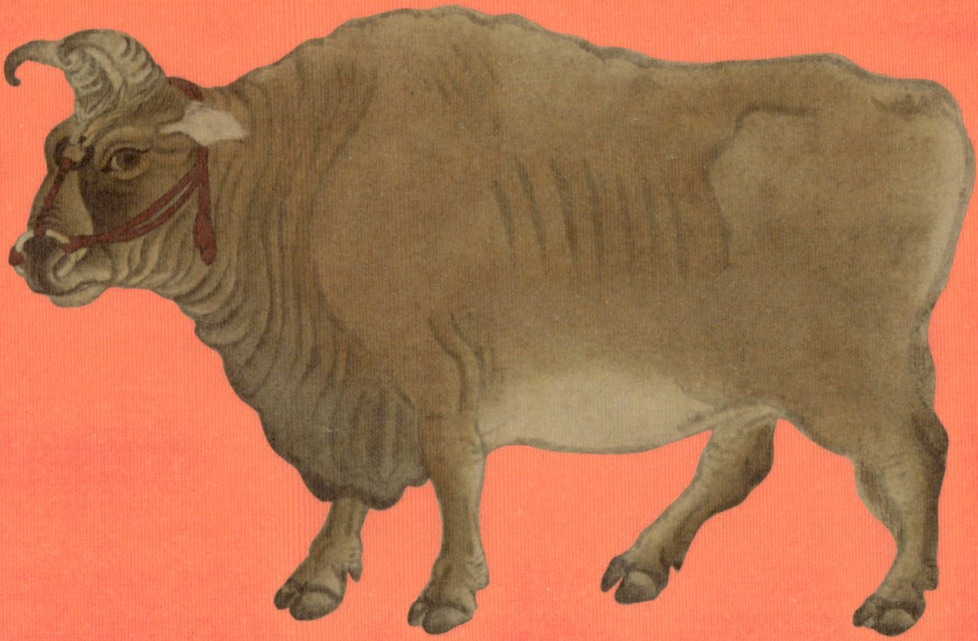

牛耕千野绿

牛

勤勤恳恳

提到十二生肖中排名第二的牛，你会想起什么？

在人们的印象中，牛勤勤恳恳，吃苦耐劳，无私奉献。

牛能耕田，能产乳，吃的是草，挤的是奶，连骨肉和皮毛也为人所用。我们早期的文字甲骨文，就是因刻在龟甲和兽骨上而得名的，这里的兽骨也包括牛骨。

羊、猪合称"少牢"，牛、羊、猪合称"太牢"，太牢是祭祀所用牺牲的最高规格，足见牛的重要性。

不过，以上种种，既得利益者都是人，对牛来说都不算什么好事。猴子不在少牢、太牢之中，不能耕田也不能产肉产乳，所以人们不杀猴子祭祀，也不圈养猴子挤奶。它们并不因此觉得自己低牛一等，有什么自卑情绪，反而乐得逍遥，在峨眉山抢夺游客的零食，挠得游客吱哇乱叫满山乱跑，何止是逍遥，简直是嚣张。

提到牛，就不能不提牧童。牧童常常和牛一起入诗入画，呈现出一派闲适的田园风光。

借问酒家何处有，牧童遥指杏花村。

杜牧《清明》

> 牧童骑黄牛,
> 歌声振林樾。
>
> ——袁枚《所见》

> 牧童归去横牛背,
> 短笛无腔信口吹。
>
> ——雷震《村晚》

不过,说实话,放牛实在是一件苦差事,全不像田园诗里描述的那么闲适清新。道理很简单,如果放牛是美差,为什么地主不让自家的傻儿子去放牛,而要雇小长工放牛呢?一位做过小牧童的前辈对当年艰苦的牧童生涯恨得咬牙切齿,不止一次地说:"我真的恨死下雨了!一下雨所有人都往家跑,只有牧童要牵着牛往外跑!牛永远都吃不饱,牧童就得跟着没日没夜地耗!还'牧童骑黄牛'?你知道坐在牛背上有多难受吗?!"最后总结陈词:"看见这样的诗就东西南北风——气不打一处来!"简直已经放牛放出了PTSD(创伤后应激障碍),不禁让人想起大先生小说里的描写:

> 老人男人坐在矮凳上,摇着大芭蕉扇闲谈,孩子飞也似的跑,或者蹲在乌桕树下赌玩石子。女人端出乌黑的蒸干菜和松花黄的米饭,热蓬蓬冒烟。河里驶过文人的酒船,文豪见了,大发诗兴,说,"无思无虑,这真是田家乐呵!"
>
> ——鲁迅《风波》

嘻嘻,文豪又不用吃蒸干菜,不用撑船谋生,不用腰酸背疼地插秧,当然可以"无思无虑""田家乐"啦!写"牧童骑黄牛"的诗人,大概也没有起早贪黑放过牛。

耕获图　南宋　杨威

南宋 李椿

牧牛图

青牛西去

老子是我国古代伟大的哲学家和思想家、道家学派的创始人。孔子曾经向他请教，并且感慨地对弟子说："鸟，我知道它能飞；鱼，我知道它能游；兽，我知道它善于奔跑。地上跑的可以用网来捉它，水里游的可以用线来钓它，天上飞的可以用箭来射它。至于龙，我就不知道该怎么办了，它可以乘风云而上天。我今天见到了老子，老子大概就是龙吧！"孔子的原话是"其犹龙邪"，这就是"老子犹龙"的出处。

孔子见老子是汉画像石经常表现的题材，该题材的画像石主要出土于山东、江苏、陕西三省，又以孔子的家乡山东居多，大约占总数的百分之八十。——真不愧是家乡！山东博物馆就有好几块。其中一块出土于嘉祥，孔子手拿一鸟，这是赞礼——拜见前辈总不好空着手吧？当然，收礼的人照例要客气一下：

来就来吧，还拿东西……

老子、孔子都穿长袍、戴高冠。两位圣人之间有一个小孩儿，是神童项橐，手里还拽着一辆玩具车——再怎么神童也还是"童"，是"童"就没有不喜欢玩具的，哈哈。

传说项橐曾经三难孔子，孔子不能答，就拜项橐为师。《三字经》说：

昔仲尼，师项橐。
古圣贤，尚勤学。

22

"三人行，必有我师焉。"想来孔圣人是有感而发。

传说老子见周王朝越来越衰败，就骑着青牛，一直向西走。

这天，守卫函谷关的尹喜登楼四望，见东方有一股紫气，缓缓向西移动。尹喜高兴地说："有异人要从此处经过了！"于是告诉属下："如果有一位老者骑着青牛路过，你们一定要拦住他。"说罢，就命人打扫街道，他自己斋戒，恭敬地等待。

不久，老子头顶紫气，身骑青牛，缓缓来到。尹喜十分隆重地欢迎了他。老子再三辞谢，但尹喜坚持恳请他阐发大道。盛情难却，老子就写下了《道德经》，继续西行。

长期以来，流行于民间的老子形象大抵是大耳下垂，须发皆白，神色恬淡，仙风道骨，而最明显的标志，就是那一头青牛。在中国的五行学说中，东方属木，代表颜色是青色。

青牛西去，紫气东来。勤勤恳恳、吃苦耐劳的牛就这样载着一位神秘的东方圣人，缓缓向西，走进了历史的烟云之中。

在《西游记》里，这头青牛还成了精，拿着太上老君曾经用来偷袭猴哥的金刚琢，遇见什么法宝就收走什么法宝，连金箍棒都收走了，整得猴哥十分头大，到处搬救兵。尤其搞笑的是，猴哥"猴"急跳墙，居然让黄河水伯往妖洞里灌水，准备连妖怪带唐僧一起淹死，再捞出唐僧的尸首来救活。这一行为着实很难评价，如果唐僧因为这事儿念紧箍咒罚他，好像也不算太委屈了他。幸好唐僧始终不知道，他那神通广大赤胆忠心的大徒弟，曾经为了救他而想把他先淹死再救活……

说到《西游记》，书中还有一头大名鼎鼎的牛——牛魔王。在相关的影视剧里，牛魔王的造型往往是黄牛或者黑牛，其实，牛魔王的真身是一头大白牛，是不是很出人意料？

斗牛图　　　　　　　　　　　　　　　　　　　　　　　　　　唐　戴嵩

老子图　　　　　　　　　　　　　　　　　　　　　　　　　　明　唐寅

孺子牛

> 横眉冷对千夫指，俯首甘为孺子牛。

我们都知道，鲁迅先生"横眉冷对千夫指，俯首甘为孺子牛"。那么，"孺子牛"是一种什么牛？

春秋时期，齐景公非常喜爱自己活泼可爱的小儿子晏孺子，整日和晏孺子一起做游戏，对爱子有求必应。

有一次，晏孺子让齐景公趴在地上装牛陪他玩儿。齐景公不但满口答应，还做戏做足，让人拿来一根绳子，让晏孺子牵着绳子这头，自己咬着绳子那头。晏孺子有了这头"牛"，玩得非常开心，谁知乐极生悲，不小心跌了一跤，把齐景公的门牙拽掉了一颗。闯了祸的晏孺子吓得放声大哭，齐景公顾不上自己嘴里还流着血，立刻把晏孺子搂到怀里，柔声安慰。

后来，齐景公临死前立下遗嘱，要年幼的晏孺子继位，和齐景公长子阳生交好的陈僖子为此愤愤不平。他掌权后，先是杀掉了辅佐晏孺子的两个大臣，又找了个机会，逼迫众大臣立公子阳生为国君。阳生继位后，立刻流放了晏孺子，不久又下令将他处死。

喜欢自己的儿女本无可厚非。然而，"父母之爱子，则为之计深远"。作为国君，齐景公溺爱幼子晏孺子，反而害了他。"孺子牛"原是指父母对子女过分疼爱，自从鲁迅先生写下了"横眉冷对千夫指，俯首甘为孺子牛"的名句，"孺子牛"的意义就发生了变化，更多地用来赞美为人民服务、无私奉献的人了。

对牛弹琴

战国时期，有一个叫公明仪的音乐家擅弹古琴。

一日，天朗气清，公明仪带着琴来到郊外，见一头牛优哉游哉，正在吃草。公明仪一时兴起，拨动琴弦，弹起了最高雅的乐曲《清角》。牛充耳不闻，仍然缓缓咀嚼。

公明仪微微一笑，用琴模仿起蚊子、牛虻的声音。牛立刻警觉起来，略显烦躁地晃着耳朵，摇起尾巴，来回走动，想要驱赶那其实并不存在的蚊虫。

公明仪觉得有趣，又用琴模仿小牛寻找母牛时的叫声，牛竖起耳朵仔细倾听，又走来走去，寻找那其实并不存在的小牛。

牛对《清角》无动于衷，不是因为公明仪弹琴的技艺不高超，弹奏的乐曲不悦耳，只是因为牛不是一个适合欣赏高雅音乐的听众。对牛弹琴，是找错知音了。

与公明仪有类似遭遇的，还有一名歌者。他在楚国的郢都唱歌，一开始唱《下里》《巴人》这种比较通俗的歌曲，有数千人跟着一起唱，场面火爆得堪比音乐会；当他唱《阳阿》《薤露》这种比较高雅的歌曲时，就只有数百人能跟着唱了；当他唱《阳春》《白雪》时，能跟着一起唱的不过数十人了；等他再加一些歌唱技巧，提高歌曲的难度，就只有几个人能跟他一起唱了。

这个故事出自战国文学家宋玉的《答楚王问》。楚襄王问宋玉："你是不是做了什么不好的事,为什么广大士民都说你不好?"宋玉就讲了这个"其曲弥高,其和弥寡"的故事,又说:"鸟中有凤凰,鱼中有鲲,篱笆间的燕雀和池塘里的小鱼哪里能理解它们的境界?同样,士中也有出类拔萃的,凡夫俗子又怎能理解我的行为呢?"——趁机把自己狠狠地夸了一通。

移居图（局部） 佚名 清

牧牛图

南宋 佚名

清溪晚牧图（局部） 宋 佚名

南宋 刘履中

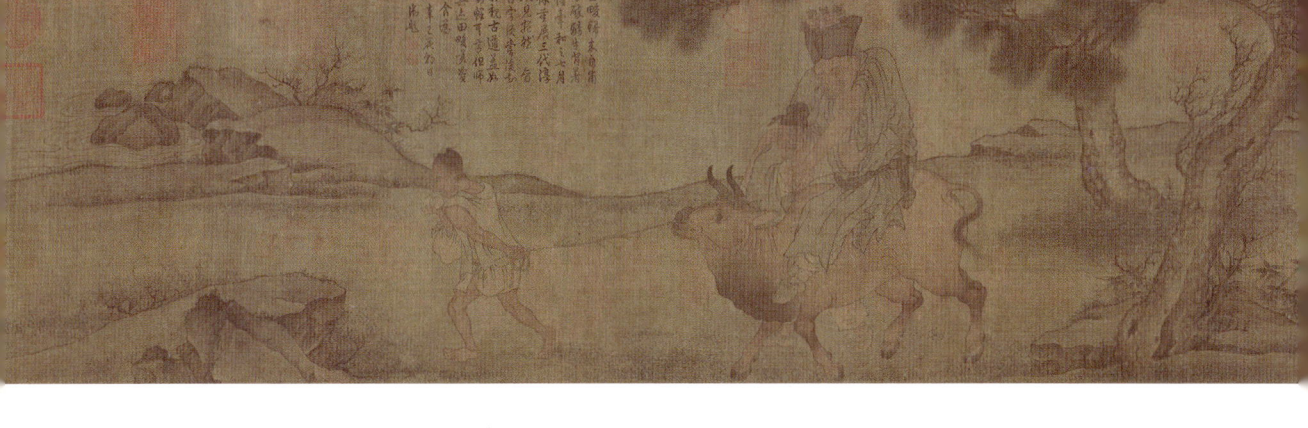

田畯醉归图之一

南宋 佚名

田畯醉归图之二

农耕主力

西汉时期,丞相丙吉外出,遇见有人打架斗殴,有的人头破血流,有的更是已经横尸路边。然而丙吉视而不见,驱车而过。

过了一会儿,丙吉见一个老农赶着一头牛,那头牛大汗淋漓,步履蹒跚。丙吉连忙让车夫停车,向老农询问这头牛走了多少路,为什么累成这个样子。

下属十分纳闷:放着人命案子不闻不问,却来关心一头牛是不是气喘吁吁,在丞相的眼里,牛的命比人的命还重要吗?

丙吉说:"行人斗殴,虽有死伤,但是由地方官处理即可,我只要适时考察其政绩,有功则赏,有罪则罚,不必事必躬亲。丞相是国家的高级官员,应当关心国家大事。如今只是春天,天气还不应太热,如果那头牛是因为天太热而喘息,就说明现在的气候不正常。如果气候不正常,农事势必会受到影响。所以我要问清牛的事儿。"

堂堂丞相都如此重视牛的健康,牛在古代中国的重要性可见一斑。

因为牛是重要的农耕工具,所以我国古代的很多朝代都不允许私自宰杀耕牛。

大名鼎鼎的包龙图包拯曾经断过一个割牛舌案:

(包拯)方调知扬州天长县。有盗割人牛舌者,主来诉。公曰:"第归,杀而鬻之。"寻复有人来告私杀牛者,公曰:"何为盗割牛舌?"盗即欸伏。

宋代私杀耕牛犯法，所以即便被割了舌头的牛必死无疑，主人也不敢私自杀牛了事，一定要报官。什么？牛是县令大人让杀的？那没事儿了。

这个故事可不是道听途说、小道消息，而是端端正正记载在包拯的墓志铭上。墓志铭是盖棺定论的文章，能载入墓志铭的案件，必定是生平得意之作。牛舌不是你割的，你怎么知道人家偷偷杀牛？心里没鬼，你为什么成天盯着别人的牛？从中确实可见"包青天"的机智与担当。

《水浒传》中，宋江和李逵初会，宋江让酒保给李逵切几斤肉吃，酒保立刻声明：我们这里可不卖牛肉，只有羊肉。

不过是陈述事实而已，李逵一听，端起鱼汤就劈脸泼了酒保一身。酒保遭此无妄之灾，还得忍气吞声去端羊肉。看来餐饮服务业从古到今都不好做……

宋代杀耕牛犯法，合法经营的酒店哪里来的牛肉？梁山泊众人动辄进店要牛肉吃，够嚣张，够叛逆，不愧是一群魔星。

当然，如果进的是黑店，连人肉包子都有，别说区区牛肉。孙二娘麻翻了武松和两个差役之后（确切说武松没有被麻翻，只是孙二娘以为他被麻翻了）曾经点评：武松长得胖，可以当黄牛肉卖；那两个差役太瘦，只好当水牛肉卖。

这"生意经"真是让人和牛听了都瑟瑟发抖。

风雨归牧图（局部）

牛角挂书图（局部）

清 黄慎（传）

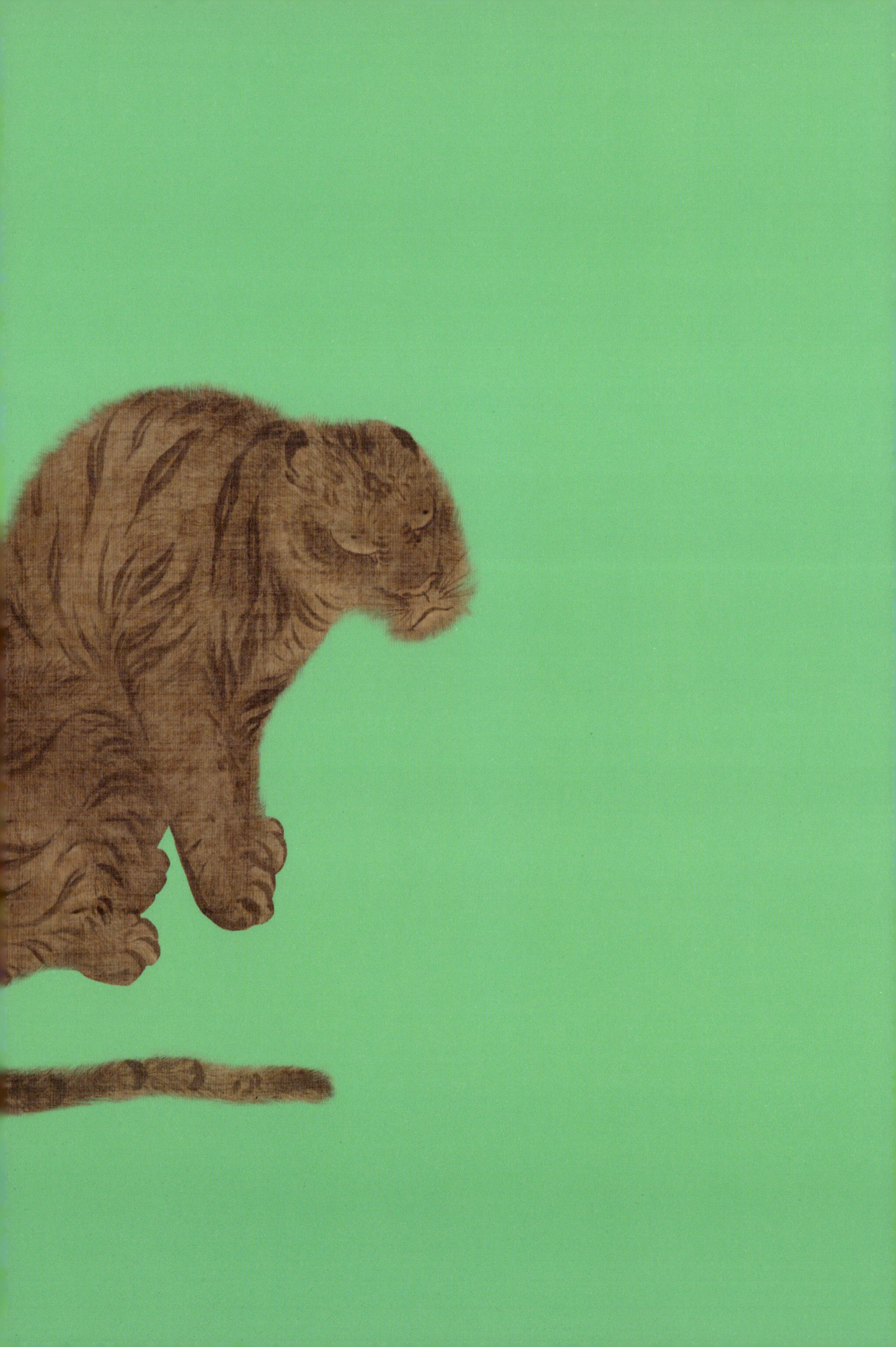

虎啸风声远 虎

山林之王

十二生肖中排名第三的，是一种威风凛凛的动物——虎。

如果熟悉《水浒传》，你一定知道虎还有一个有点奇怪的名字——大虫。什么"吊睛白额大虫"啦，"母大虫"啦，"病大虫"啦。

为什么老虎会叫大虫？原来，古人用"虫"泛指一切动物，而且把虫分为五类：禽为羽虫，兽为毛虫，龟为甲虫，鱼为鳞虫，人为倮虫。这样看，虎首先是毛虫了。"大"有长、为首的意思，如"大哥""老大"；又是敬词，如"大人""大王"等。虎是百兽之王，自然也当得一个"大"字。

虎是亚洲特有的大型猫科动物，拥有庞大的身躯、坚实有力的肌肉、斑斓的毛皮。它们对环境有高度适应的能力，分布范围一度很广，从寒带针阔叶混交林到温带落叶阔叶林，从亚热带常绿阔叶林到热带雨林，都曾经有它们的身影。

与喜欢成群结队的狮子不同，虎喜欢独居，成年虎平时独来独往，正所谓"一山不容二虎""两虎相斗必有一伤"。只有在交配期和哺乳期，雄虎和雌虎、母虎和幼虎才生活在一起，反正"虎毒不食子"。

虎的食量大，消耗的猎物多，通常需要大面积的栖息地。比如西伯利亚虎也就是我们熟悉的东北虎，一只就需要数百平方千米的领地。这样一来，虎不免会与人类争夺地盘，"打虎亲兄弟，上阵父子兵"的俗语我们很熟悉，"武松打虎"的故事更是广为流传。

即便"虎无伤人意",在利益的驱动下,依然是"人有害虎心"。虎皮、虎骨,都是贪婪的人类觊觎的资源,虎因此遭遇了空前的浩劫,里海虎、爪哇虎和巴厘虎都已经惨遭灭顶之灾,其余尚未灭绝的亚种情况也不太乐观。如果情况继续恶化下去,如果有一天我们只能通过标本、影像来认识虎了,将是何等的可悲。

说到虎和人争地盘,2021年4月23日,一只野生东北虎闯入密山市白鱼湾镇临湖村,造成一名村民受伤。很快,这只老虎被"逮捕"并送往救护机构。经检查,它是只雄虎,两三岁。虽然老虎进村对人来说非常惊悚,但是它也被人吓得不轻,被捕前躲在废弃房子的犄角旮旯里暗中观察。黑龙江省林草局报请国家林业和草原局,给它取了个名字:

完达山1号。

2021年5月18日,完达山1号被成功放归自然,这是我国首次成功救护并放归野生东北虎,真正意义上的"放虎归山"。

此后,放置在野外的红外线相机多次拍到完达山1号的身影。它长大了,更壮了,还长本事了——曾经猎杀了一只300多斤的野猪,美滋滋地吃了好几天。

完达山1号最近一次现身是在2023年7月,只见它体型健硕,皮毛油光水滑,悠然地迈着虎步从红外线相机前走过,看来小日子过得相当滋润,令人十分欣慰。

想当初,完达山1号刚被抓捕,纵声咆哮,虽然隔着坚固的笼子,虽然只是电视上播放的新闻影像,虽然年方两三岁的它在老虎里只能算个小字辈,但是,那种百兽之王一声怒吼、山林为之震颤、风云为之变色的威压感还是扑面而来,令人心惊胆寒。这是动物园里无精打采甚至骨瘦如柴的老虎做不到的。野生动物果然够野……

愿人与自然能在这蔚蓝色不停旋转的星球上和谐相处,毕竟,目前人类就只有这一个地球。

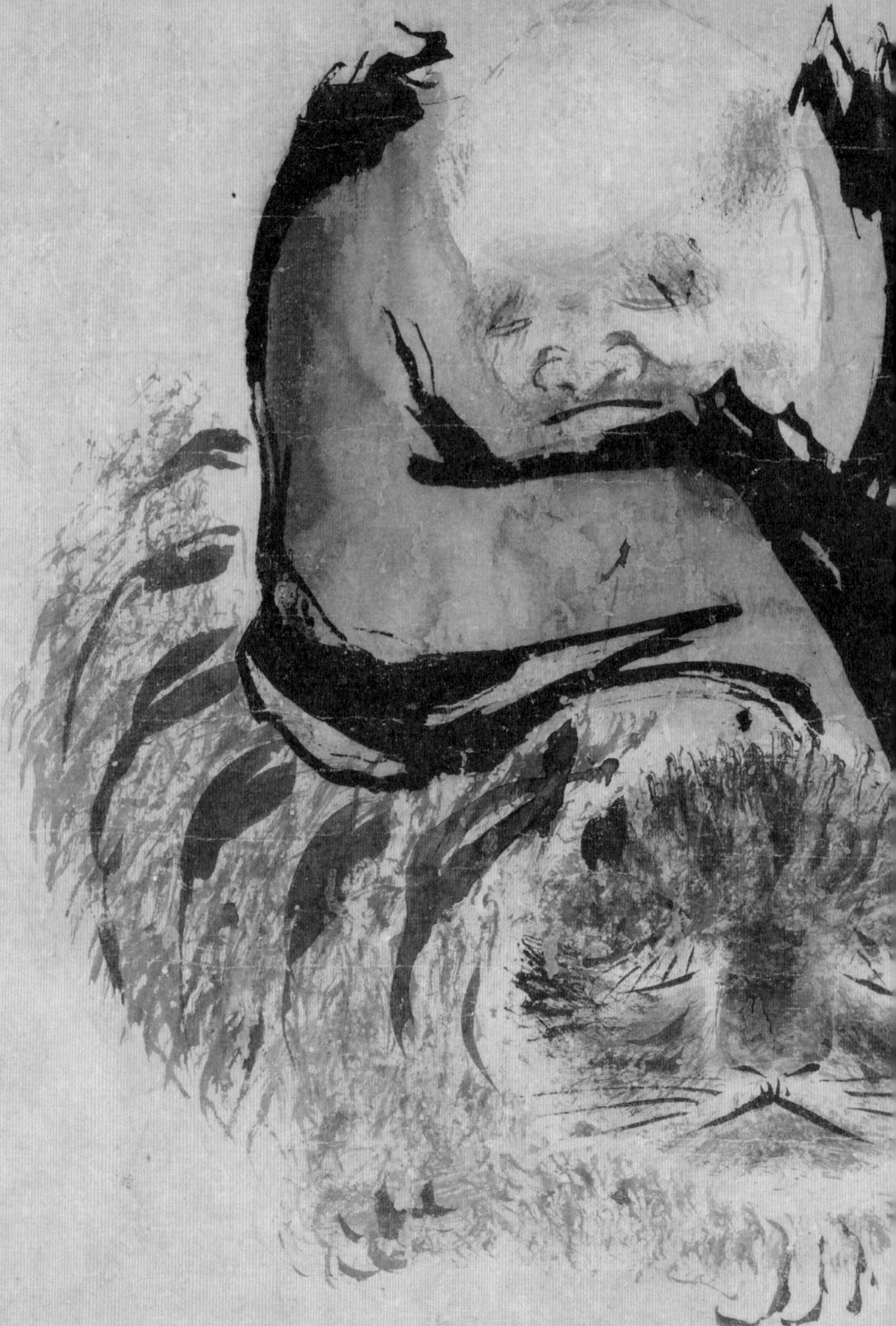

二祖调心图

五代十国

石恪（传）

老虎学艺

民间传说,老虎不会爬树。鲁迅先生小时候,祖母曾经给他讲过老虎学艺的故事:

"你知道么?猫是老虎的先生。"她说。"小孩子怎么会知道呢,猫是老虎的师父。老虎本来是什么也不会的,就投到猫的门下来。猫就教给它扑的方法,捉的方法,吃的方法,像自己的捉老鼠一样。这些教完了;老虎想,本领都学到了,谁也比不过它了,只有老师的猫还比自己强,要是杀掉猫,自己便是最强的脚色了。它打定主意,就上前去扑猫。猫是早知道它的来意的,一跳,便上了树,老虎却只能眼睁睁地在树下蹲着。它还没有将一切本领传授完,还没有教给它上树。"

鲁迅《狗·猫·鼠》

少年鲁迅听了很是庆幸："幸而老虎很性急，否则从桂树上就会爬下一匹老虎来。"

呀，这一幕真的好惊悚！

这个故事在民间广为流传，用以解释"为什么老虎不会爬树"。

其实，老虎不会爬树，纯属无稽之谈。诚然，因为身躯庞大，成年老虎爬树没有猫那么灵巧迅捷，有些小树根本就承受不了老虎的体重。但是，只要树足够粗壮，只要老虎想爬，爬树就不在话下。不过老虎可能会觉得很奇怪：我闲着没事儿非得爬树干什么？

那么，为什么"老虎学艺"的故事在民间广为流传？

想想看，表面上谦虚学艺的徒弟，学成后却恩将仇报，虽然是常见套路，也不免让听众揪心、愤慨。还好，按照套路，师父到底是留了一手，还靠着这一手轻松摆脱了困境，顺带嘲讽了忘恩负义的徒弟。最后，这可恶的家伙只能在树下不甘心地转几圈，无可奈何。

故事又有趣味性，又有听众喜闻乐见的反转、大快人心的结局，自然能够得到广泛传播。既然如此，只好委屈老虎背上个"忘恩负义""不会爬树"的黑锅啦。

多说一句，鲁迅的祖母是祖父周福清的原配孙氏，但在他出生前就已经亡故。给他讲老虎故事的是他的继祖母蒋氏，他们之间虽然没有血缘关系，但依然有很深的祖孙感情。

周福清和蒋氏关系很恶劣。太平军占据绍兴时，蒋氏一度与家人失散，疑为太平军所掳。后虽平安归来，但周福清总怀疑其已被玷污，一吵架就拿这个说事儿。周福清又多次纳妾，时常辱骂诅咒蒋氏，使两人的关系雪上加霜。

鲁迅和周作人两兄弟坚决站在蒋氏一边。鲁迅有一篇《我之节烈观》，逻辑之严密有如《神雕侠侣》中古墓派的天罗地网式，九九八十一只麻雀无论怎么挣扎都飞不出他的两个手掌心。他在写这篇文章的时候，也许心中就戳着一个活靶子，也许想起了慈爱的祖母因"名节"所受的种种委屈。总之，他下笔如有神，仿佛电影《英雄》里秦军射杀无名，箭矢如骤雨，把敌人笃笃笃地钉在了门板上；又像架起了吐着长长火舌的马克沁，子弹如飞蝗，把敌人打得缩在墙角不敢伸头，只能等火力稍弱之后狂摇小白旗儿。它简直是议论文的天花板，窃以为每一个学写议论文的人都应该拜读一下这篇酣畅淋漓的檄文。

十虎三彪图（局部） 元 佚名

冬山卧虎图

明　佚名

虎虎生风

因为虎很威猛,所以民间有给小孩子缝制虎头鞋、虎头帽的习俗,希望百兽之王能驱邪避祟,护佑孩子平安长大。端午节的时候,某些地方的大人会用雄黄在小孩的额头写上一个"王"字,也是同样的道理。因为老虎额头上的花纹很像一个"王"字。

因为虎很威猛,所以人们常把勇士和虎联系起来,如把勇士叫作"虎贲",大军出征自然也是虎虎生风:

> 想当年,金戈铁马,气吞万里如虎。
> ——辛弃疾《永遇乐·京口北固亭怀古》

因为虎很威猛,所以人们也常把一些对人们有害的东西和老虎联系起来,比如"苛政猛于虎"。

有一次,孔子路过泰山,看见一个妇人在坟墓旁哀哀哭泣。孔子让弟子子路问她为什么这样伤心,她说:"我公公被老虎咬死,我丈夫未能幸免,现在我儿子也被老虎咬死了。"

孔子听了,不禁为之恻然,就问:"既然此地如此危险,为什么不干脆离开呢?"妇人回答说:"因为这里没有苛政。"

孔子大为感慨,对学生们说:"你们要记住,苛政比老虎还要可怕!"

人们也常常把为害一方的恶霸比作老虎。

西晋时,有个叫周处的人年少丧

父，母亲把他惯得无法无天。他身强力壮，成天不干正事，到处欺负人，成了地方一霸。有一次，他看见一个老丈闷闷不乐，就问："现在天下太平，收成又好，你为什么还不高兴？"老丈说："'三害'未除，有什么好高兴的！"

周处问"三害"是什么，老丈说："南山白额虎，长桥底下蛟，加上你周处，就是'三害'了。"

周处没想到自己这么惹人讨厌，顿时羞愧难当。于是，他将功赎罪，入山射虎，下水搏蛟，自己也浪子回头，重新做人。"三害"就这样被消灭了。

老虎已经这么厉害，能除掉老虎的人自然就更厉害了。能打虎的武松是人们心目中的大英雄，读者还要争论不休：只有半截哨棒后来还扔了、几乎赤手空拳打死一只老虎的武松和用板斧杀死四只老虎的李逵哪个更厉害？

名将也好，神箭手也好，能射杀老虎都是加分项。

> 林暗草惊风，
> 将军夜引弓。
> 平明寻白羽，
> 没在石棱中。
>
> 卢纶《塞下曲》其二

这首诗化用了西汉名将李广射虎的典故。传说他出去打猎，看见草中有虎，就一箭射去。结果那是一块大石头，而箭已经没入石中，可见他的力气之大。这首诗对这个故事进行了艺术化处理，使得气氛更加紧张，情节也更有张力。

狐假虎威

尽管老虎有时候会伤人，人们还是喜欢它的勇武，喜欢它的威风，喜欢小老虎虎头虎脑、憨态可掬的样子。汉语中，与虎相关的成语、俗语也很多，除了之前提到的一山不容二虎、虎毒不食子之类，还有龙盘虎踞、虎头蛇尾、如虎添翼、谈虎色变、虎视眈眈、狐假虎威、三人成虎……

成语很多，我们在此只讲一个"狐假虎威"。

有一只老虎抓住了一只狐狸，狐狸生怕性命不保，急忙大叫："我是上天派来的百兽之王，你要是吃了我，那就是违背了上天的旨意。"见老虎将信将疑，狐狸又说："你若不信，那就让我走在前面，你在后面跟着，看看动物们到底怕不怕我。"老虎同意了。

于是，狐狸在前，老虎在后，向林中走去。果然，所有的动物看见它们，都避之唯恐不及。老虎见此情景，连忙恭恭敬敬地把狐狸放了，却不知那些动物怕的是凶猛的自己，而不是那狡猾的狐狸。

清 高其佩 猛虎图

龙虎图（局部）

南宋　牧溪

画虎图（局部）

元 佚名

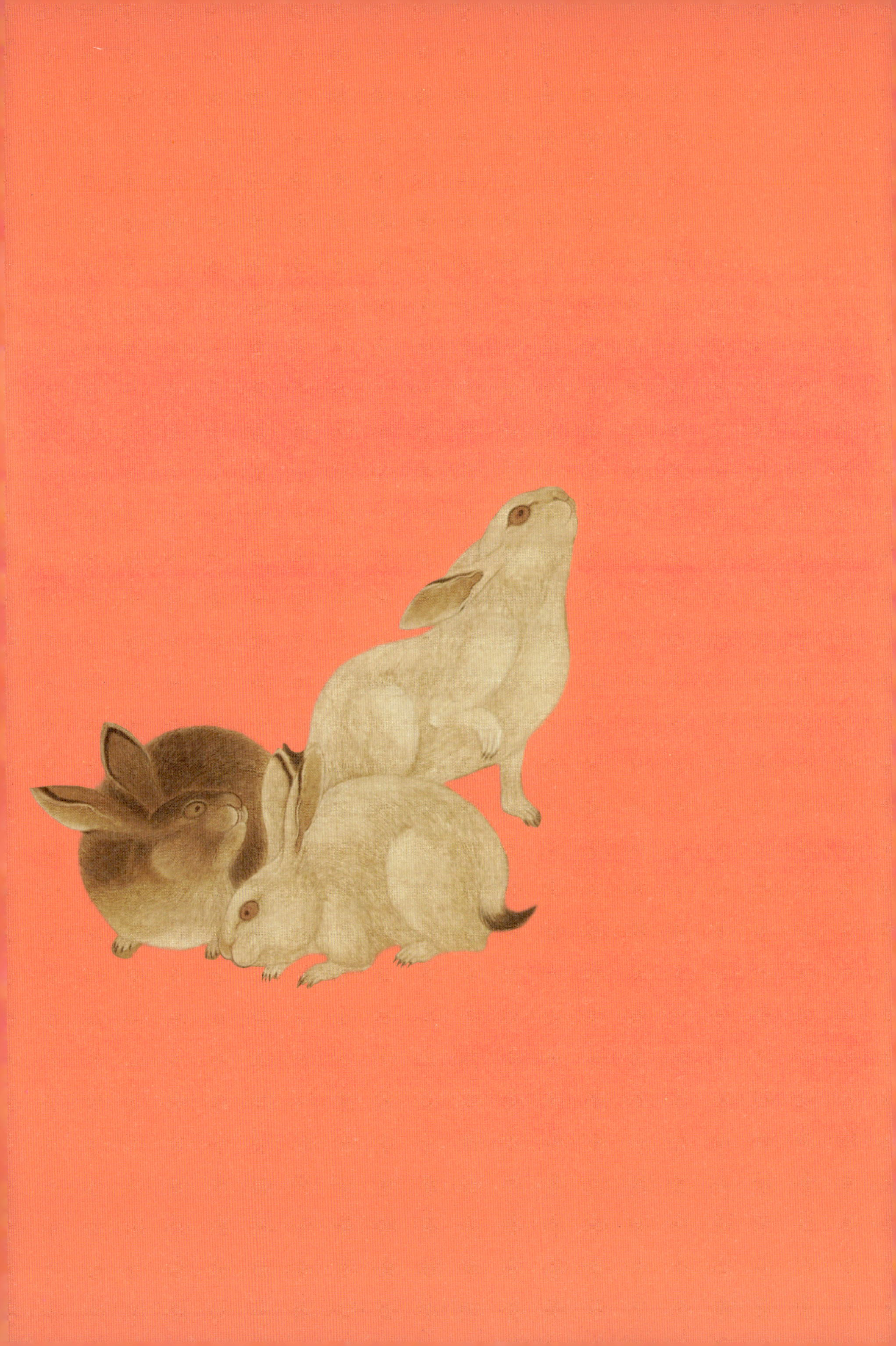

玉兔蟾宫笑 兔

可爱精灵

<small>小白兔，白又白，
两只耳朵竖起来。
爱吃萝卜爱吃菜，
蹦蹦跳跳真可爱！</small>

这首经典儿歌抓住了兔子的特征。确实，兔子那长长的耳朵、不停蠕动的三瓣嘴、毛茸茸的身子、晶亮的眼睛、温顺的性格、蹦蹦跳跳的样子都非常讨人喜欢。

兔子不但人畜无害、形象可爱，而且对人类贡献很大，肉可食，皮可用，而且，像小白鼠一样，兔子也为人类的科学实验立下了汗马功劳。

说到兔子的习性，有件事不知当讲不当讲。——兔子会吃自己的粪便。

先别忙着呕吐。兔子的主要食物是青草，而青草中含有丰富的粗纤维，并不能一次全消化，而是会形成仍然有营养的软粪，浪费了可惜。所以……

你可能会问，牛也吃草，牛为什么就不用……因为牛有四个胃呀！瘤胃（草肚）、网胃（金钱肚）、瓣胃（百叶）、皱胃（沙瓜），有那么多胃，还会反刍，当然可以物（草）尽其用啦！

关于兔子的故事，大家最熟悉的恐怕就是"龟兔赛跑"了。骄傲轻敌的兔子半路上呼呼大睡，痛失好局，坚持到底的乌龟取得了最终的胜利，现在看颇有点"心灵鸡汤"的味道。

明 孙隆 兔图

嫦娥奔月图　明　唐寅

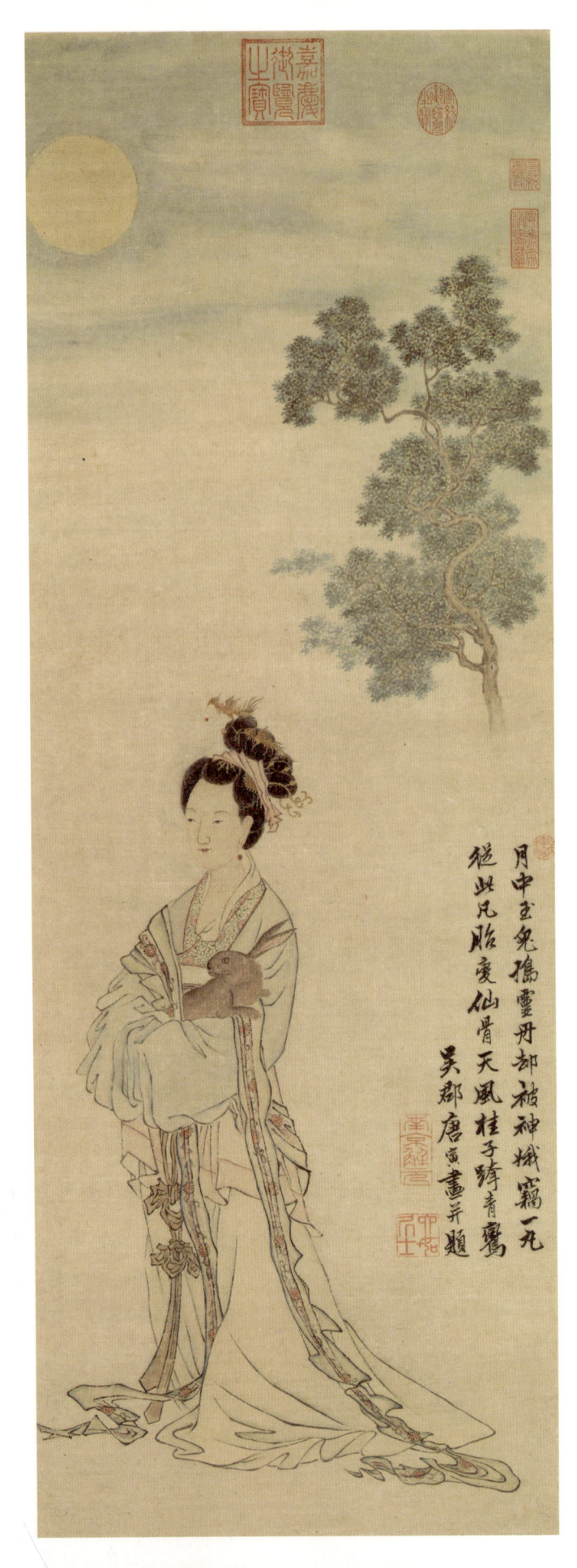

月中玉兔擣靈丹 却被神娥竊一丸
䃼與凡胎變仙骨 天風桂子䮝青鸞
吳郡唐寅畫并題

56

海棠禽兔图

丙子春正月新罗山人呵冻写时年七十有五

双兔图　元　佚名

白兔捣药

虽然兔子是我们常见的小动物，但是在传说中它也颇具神秘色彩。

传说兔子有千年的寿命，满五百岁则颜色变白。真让人对看似平平无奇的小白兔肃然起敬。又有人说，兔子望月而孕，口中吐子，所以叫"兔"，"兔"的意思就是"吐"。是不是有点匪夷所思？

还有更匪夷所思的。《封神演义》中，西伯侯姬昌被困羑里，迫于无奈食下三个伯邑考牌小肉饼，回到西岐后悲痛难忍，把三个小肉饼都吐了出来，它们就变成三只小兔子跑掉了。

我们最熟悉的兔子，恐怕就是传说中广寒宫里的那一只小白兔了。千百年来，它反复出现在文人骚客的笔下，做着同一件事——捣药。

> 白兔捣药成，问言与谁餐。
>
> ——李白《古朗月行》

> 白兔捣药秋复春，嫦娥孤栖与谁邻。今人不见古时月，今月曾经照古人。
>
> ——李白《把酒问月》

> 天冥冥，云濛濛，
> 白兔捣药姮娥宫。
>
> 欧阳修《白兔》

至于这只兔子的来历，真是说来话长。传说天神羿为了拯救百姓，射杀了九个太阳。天帝痛失九个爱子，一怒之下怒了一下，不许羿和妻子嫦娥再返回天庭。为了不像凡人一样死去，羿跋山涉水，到西王母处求来不死之药。这不死之药，一人服食，可以成仙；两人分食，都可长生不老。羿把药交给嫦娥保管，预备挑个良辰吉日和嫦娥分食。嫦娥却趁羿不在独吞了不死之药，顿时身轻如燕，飘了起来。她怕回到天庭会有麻烦，就去了月宫。可是月宫好冷清。大家都猜测：嫦娥恐怕会后悔的。

> 嫦娥应悔偷灵药，
> 碧海青天夜夜心。
>
> 李商隐《嫦娥》

还有一种说法：羿的弟子逢蒙居心不良，趁羿不在家，前来夺取不死之药。嫦娥为了不让坏人得逞，情急之下把药吞下，飘到窗外。她不忍离羿太远，就选择了月宫。这个版本的故事要温情得多，嫦娥奔月乃是迫不得已的选择，而不是自私自利的背叛。

总之，嫦娥是回不来了。那兔子是哪儿来的？

有人说，羿不忍心让嫦娥孤零零地待在广寒宫，就变成一只小兔子去陪伴她；有人说，这只小兔子是兔仙的女儿，自愿去陪伴嫦娥；有人说，嫦娥飘进月宫，变成了一只兔子。是不是挺惨？这已经不错了，因为还有一个版本，说嫦娥飘进月宫变成了一只癞蛤蟆。兔子虽然不能和仙子相提并论，到底比癞蛤蟆强太多。还有人说，月宫里的这只小兔子就是伯邑考。那么问题来了，如果伯邑考牌小肉饼真的变成了三只兔子，那月宫里的兔子具体是哪一只呀？其余的两只又去哪里啦？

月中桂兔图

清 蒋溥

狡兔三窟

汉语中,和兔相关的成语、俗语很多,像守株待兔、狡兔三窟、兔死狐悲、兔死狗烹、动如脱兔、东门逐兔、兔子不吃窝边草、兔子急了也咬人等。

在与兔相关的成语中,"狡兔三窟"知名度颇高。它是怎么来的呢?

战国时期,魏国的信陵君魏无忌、赵国的平原君赵胜、楚国的春申君黄歇、齐国的孟尝君田文,都是礼贤下士、结交宾客之人,人称"战国四公子"。

齐国有个叫冯谖的,是孟尝君的食客。最初,他没有展露什么惊人的才能,孟尝君府上办事的人对他也并无优待。于是冯谖靠着柱子弹他的剑,唱道:"长剑啊,咱们回去吧!吃饭没有鱼!"办事的人把这件事告诉孟尝君,孟尝君说:"那就给他鱼吃。"后来,冯谖又故技重施,弹着他的剑,提出出门要坐车,要赡养家中老母。孟尝君都一一满足了他。

后来,孟尝君问食客们:"谁愿意替我到薛邑去收债?"薛邑是孟尝君的封地。冯谖自告奋勇,接下这件差事。临行前,冯谖问:"收了债,买点什么回来?"孟尝君说:"您看着办,买我家缺少的东西吧!"

冯谖载着一车借契到了薛邑,召集欠债的百姓核对账目。核对完毕,冯谖假传孟尝君的命令,把债款赐给百姓,随即一把火把借契烧了个精光。薛邑的百姓非常高兴。

冯谖回来见孟尝君,孟尝君又惊

又喜，问他："债都收齐了？怎么这么快？"冯谖说："收齐了。"孟尝君问："买了什么好东西？"冯谖说："您说买家里缺少的东西，我看您这里什么都不缺，只缺'义'，我就买了'义'。"

孟尝君非常疑惑："买'义'？"冯谖说："现在您只有一个小小的薛邑，非但不爱民如子，反倒从他们身上赚钱，这会失了人心。所以我假托您的命令，把借契都烧了，百姓高呼万岁，这就是我给您买的'义'。"

孟尝君吃了一惊，但钱已经收不回来了，礼贤下士的贵公子还是要做的，只好说："行吧。"心里很后悔：真是的！当初为什么要让这个人去收债！

后来，齐湣王忌惮孟尝君的权势，借故贬黜他，孟尝君只得回自己的封地去。有的门客见孟尝君失势，就离他而去，但冯谖依然不离不弃，随侍左右。

离薛邑还有一百里路，得到消息的百姓已经扶老携幼，夹道欢迎。孟尝君十分感慨，对冯谖说："先生当初给我买的'义'，今天我可是见到了。"

冯谖说："狡猾的兔子有三个洞窟，仅能保命。现在您只有一个，还不到高枕无忧的时候，请让我替您再凿两个。"

冯谖带着孟尝君给的车马和财宝，到魏国游说魏惠王，给孟尝君造势，俨然是"得孟尝君者得天下"。魏惠王听了，就派使者带着重礼去聘请孟尝君为相国。魏国的使者往返三次，孟尝君按照冯谖的要求坚决推辞。

齐湣王听说了，不禁惊慌，赶紧也送来重礼，还亲笔写下书信向孟尝君道歉，请他回朝。

冯谖又指点孟尝君，让他向齐湣王请来先王传下的祭器，在薛地建立宗庙。宗庙建成后，冯谖说："三个洞穴都已凿成，您可以安心了！"这就是成语"狡兔三窟"背后的故事。

喜鹊野兔图

李永

南宋

梧桐双兔图（局部）

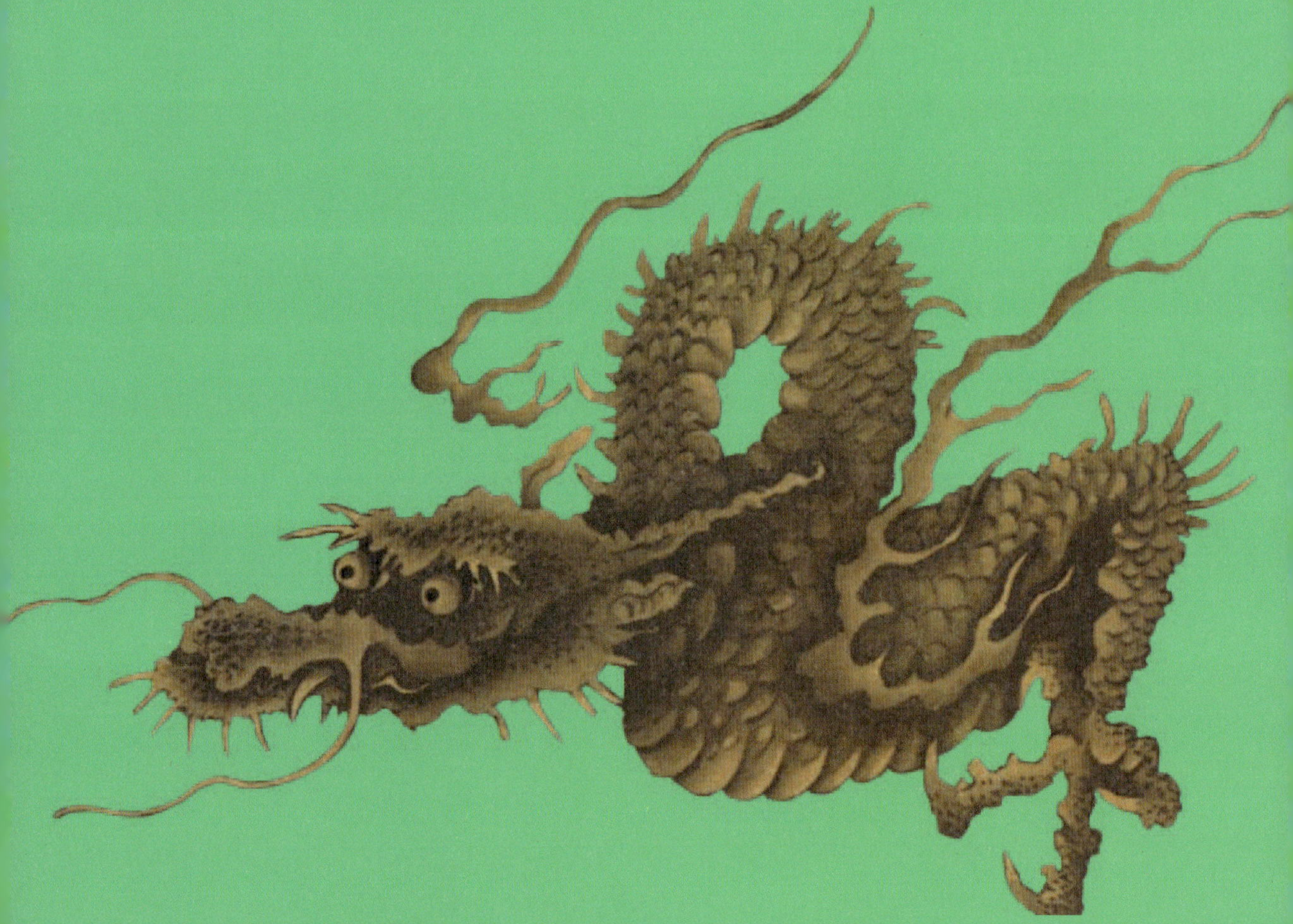

龙行踏绛气

人气明星

在十二生肖中，排名第五的是龙。龙是我们的祖先想象出来的一种神奇的动物，能够兴云作雨，威力无边。我们的神话很多都和龙有关。前面说过，传说中，孔子拜见老子，就把老子比作神秘的龙，对老子极尽赞美。

早在新石器时代，我们的先民就创作出了猪头蛇身的形象，一般认为，这就是原始的龙。经过漫长的时光，我们现在看到的龙，综合了许多动物的特征：头似驼，角似鹿，眼似兔，耳似牛，项似蛇，腹似蜃，鳞似鲤，爪似鹰，掌似虎。

龙在我国有特殊的地位。历朝历代，皇帝总以"真龙天子"自居，怒则"龙颜大怒"，喜则"龙心大悦"，病则"龙体欠安"。他们穿"龙袍"，戴"龙冠"，登"龙座"，睡"龙床"，乘"龙辇"。今天，如果你走进故宫，会发现龙无处不在：柱子、屋脊、横梁、栏杆、藻井……

皇家爱龙，民间也不例外。人们为自己属龙而开心，喜欢以龙为名。每逢重大节日，人们总是要舞狮子，玩龙灯。在汉语中，与龙相关的成语、俗语很多都寓意美好：

龙腾虎跃、虎啸龙吟、卧虎藏龙、虎踞龙蟠、龙章凤姿、龙马精神、神龙见首不见尾……

在神话中，龙也是不可或缺的重要角色。传说中，大禹治水，有一条应龙做帮手，应龙以尾划地为江，可谓神通广大，治水有功。黄帝采首山铜铸鼎于荆山之阳，鼎铸成了，有一条龙来迎接黄帝，黄帝就骑龙升仙了。

这样看，龙真的是十二生肖里的"人气明星"了。

> 黄帝铸鼎于荆山，炼丹砂。
> 丹砂成黄金，骑龙飞上太清家。
>
> 李白《飞龙引》

神话中，仙人都很喜欢骑龙，连乘龙快婿都要骑一条龙。龙俨然是仙人的豪车，感觉没有一条龙出门都不好意思和人打招呼。

对了，《西游记》里唐僧骑的那匹马，其实是小白龙变的，"白龙马"嘛！在朱紫国，猴哥给国王看病，拿大黄、巴豆、锅底灰（还美其名曰"百草霜"）磨成粉，用马尿混合，搓了三个大药丸子，令人细思吐出隔夜饭，幸而药到病除，没白让读者忍受一番恶心。马尿哪能有这么神奇的功能，还不是因为白龙马的真身是龙。

墨龙图 | 陈容 | 南宋

霖雨图（局部） | 张羽材 | 元

五龙图（局部）

南宋 陈容

罗汉图（局部） 金 李通

为霖图

北宋 李公麟（传）

叶公好龙

龙这个"人气明星"大家都喜欢,有一个人尤其"喜欢",他是谁呢?

叶公子高喜欢龙,家里所有的东西都用龙装饰。天上的龙听说自己有这样一个"铁杆粉丝",决定来拜访拜访。

这天,风雨大作,电闪雷鸣,龙从天而降,来到叶公家里。龙的身躯太大了,它的头从窗户伸进去,身子盘在大厅里。叶公看到了龙,非但没有粉丝看到偶像的激动,反而吓得六神无主,大喊大叫着东躲西藏。原来他喜欢的是自己想象中的龙,却不是眼前这条真正的龙。龙只好失望地飞走了。

这个故事出自汉代刘向的《新序·杂事第五》,后来被提炼为成语"叶公好龙",意思是,说是爱好某事物,其实并不是真的爱好。

历史上,叶公子高确有其人,生活在春秋时期的楚国。他是楚国的大夫,名诸梁,字子高,封在叶地,僭称为"公"(他不是"公"却以"公"自居,在当时的人们看来是超越本分的行为,所以说是"僭称"),所以有"叶公子高"之称。

当时,楚国的太子建在郑国被杀,太子建的儿子胜在吴国。楚国令尹子西想把胜接回楚国,并极力称赞他诚实而勇敢。叶公子高认为这个人不管什么话都要实践,不管什么事都不怕死,还到处搜罗不怕死的人,居心叵测,是个隐患,坚决反对接他回来。令尹子西不听,执意把胜接回楚国。胜回到楚国后,果然没辜负叶公子高对他的评价，找了个机会发动叛乱，杀了令尹子西、司马子期，劫持了楚惠王。

叶公子高听到胜叛乱的消息，急忙带兵平叛，救出了楚惠王。胜见大势已去，只好自缢。令尹子西、司马子期都死于叛乱，楚惠王复位后，命叶公子高身兼令尹、司马两职。待得国家安定，叶公子高就功成身退，回到叶地养老了。

后人对叶公评价很高，《荀子·非相》说他虽然其貌不扬，但是在危急时刻力挽狂澜，"仁义功名善于后世"。这样一个评价比较正面的历史人物，不知刘向为什么会选择他做寓言故事的主角，和他开一个流传千古的玩笑。

叶公子高好龙，钩以写龙，凿以写龙，屋室雕文以写龙。于是夫龙闻而下之，窥头于牖，拖尾于堂。叶公见之，弃而还走，失其魂魄，五色无主。是叶公非好龙也，好夫似龙而非龙者也。

刘向《新序·杂事第五》

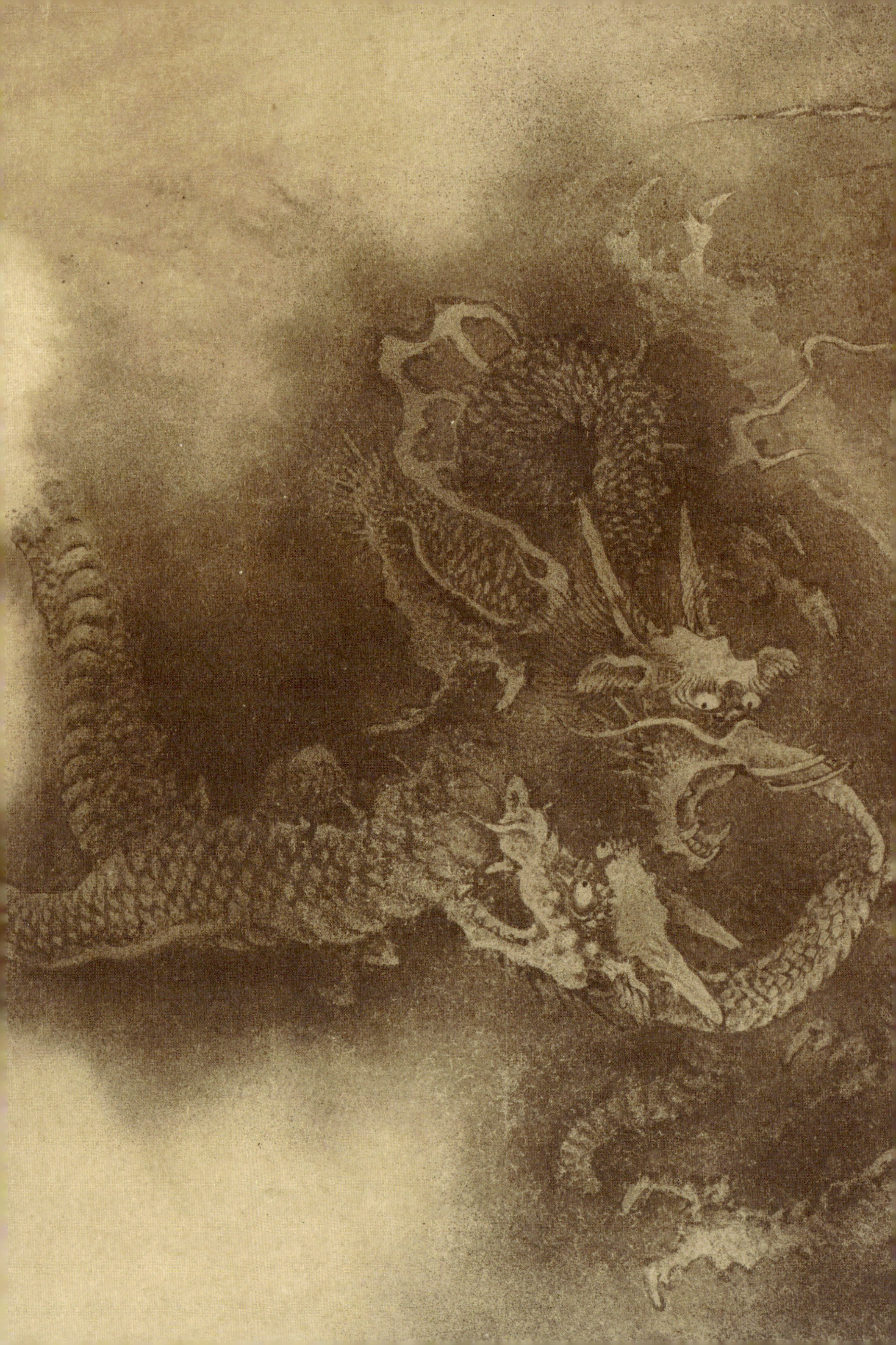

陈容 南宋

五龙图

龙生九子

在传说中,龙生九子,每个都不一样。关于龙的九个儿子,说法很多,大同小异。我们只取其中一种说法,简单介绍一下。

第一个龙子叫囚牛。它是龙子里的艺术家,喜欢音乐,尤其喜欢琴,所以人们把它雕刻在胡琴上。它的性情比较温和,大约是受音乐熏陶的缘故吧。

第二个龙子叫睚眦。和性情温和的大哥完全相反,它是个好战分子,所以人们把它刻在刀环、剑柄上,以助声势。成语"睚眦必报"中的睚眦就是这个好勇斗狠的龙子。像被人瞪了一眼那么小的仇恨也要报复,可见脾气好不到哪里去。

第三个龙子叫嘲风,是龙子里的冒险家,喜欢探险,喜欢远望,所以人们把它雕刻在大殿之角,用来镇宅。

第四个龙子叫蒲牢,住在海边,声音洪亮。据说它非常害怕鲸。它本来就是个大嗓门,看见鲸就吓得要命,叫得格外声嘶力竭、震耳欲聋。所以人们把它铸在钟钮上,有时还把撞钟的木锤做成鲸的形状,好让钟声洪亮,声闻十里,把钟声的洪亮建立在蒲牢的惊惧痛苦之上。

第五个龙子叫狻猊,长得很像狮子。它喜烟好坐,于是人们物尽其用,把它放在香炉上,让它每日被烟熏陶。

第六个龙子叫赑屃,也叫霸下。它长得像龟,爱好非常奇特——负重。

它是龙子里的大力士，所以人们顺应它的爱好，给了它一个光荣而艰巨的任务——驮碑。如果你看到石碑，可以注意一下，那个驮着石碑的乌龟模样的动物就是赑屃。

第七个龙子叫狴犴，又名宪章。它秉公好义，喜欢诉讼，能够明辨是非，是龙子里的法律工作者，所以往往和衙门、监狱联系在一起。京剧《苏三起解》中，苏三唱"低头出了虎头牢"，牢门上的这个"虎头"其实就是狴犴。京剧《洪母骂畴》中，洪承畴为自己辩解"儿也曾囚禁狴犴怀国本，儿也曾绝食以表臣子心"，直接用"狴犴"指代监狱。但是，再怎么"绝食以表臣子心"，最后还不是入了《贰臣传》。崇祯皇帝一厢情愿，以为洪承畴为国捐躯了，还给他写了悼文开了追悼会，结果等来的是洪承畴投降的噩耗，场面一度十分尴尬。

第八个龙子叫负屃，它文质彬彬，喜欢文字。所以人们把它刻在石碑上部，和它的六哥赑屃一起装饰石碑。不过它的位置比赑屃的好多了，视野也更开阔。

第九个龙子叫螭吻，也叫鸱尾。像它的三哥嘲风一样，它喜欢冒险，喜欢望远，更让人吃惊的是它还喜欢吞火，天赋异禀。所以人们把它刻在飞檐上，希望能避免火灾。也有的造型是鸱吻身上插一宝剑，用意是永久避火（避祸）。

这是"龙生九子"的版本之一。在其他版本中，还有一些龙子，比如貔貅、饕餮等。

传说貔貅只进不出，简直太适合做招财进宝的吉祥物了，所以人们不但要把它供起来（很多商家的收银台上都会放一尊招财进宝的貔貅），还要戴在身上。

饕餮以贪吃闻名于世，传说中没有它吃不下的东西，甚至连自己的身子都吃掉了。——"我贪吃起来连自己都吃"，就问你怕不怕？

墨龙图（局部） 陈容 南宋

南宋 赵伯驹（传）

飞仙图（局部）

乘龙图　马远　南宋

佚名　不详

集珍寿古册之一

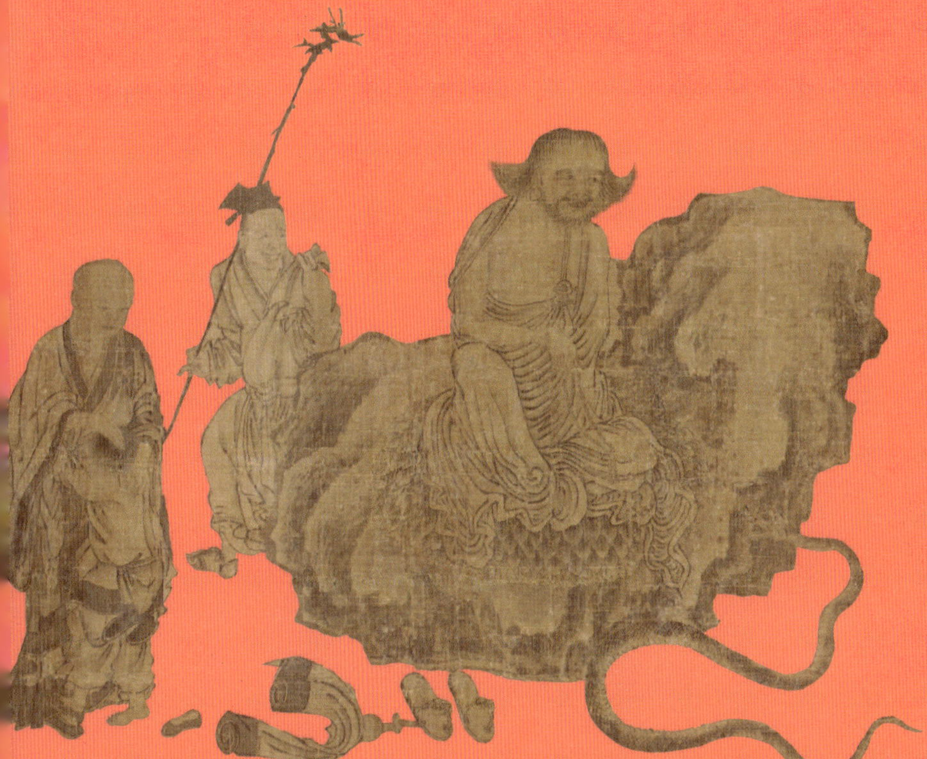

蛇

金 蛇 含 瑞 草

神秘小龙

龙年过去,就是蛇年了。在民间,蛇有一个别称叫"小龙",属蛇的人也往往自称属小龙。

前面说过,我们的古人认为一切动物都可以叫作虫,老虎叫"大虫",蛇也有一个别称,叫"长虫"。

从外表看,蛇身体细长,体表有鳞,真有点像龙。不过它没有四肢,无足而行。如果"画蛇添足",那就多此一举了。

有的蛇生活在地面,有的蛇生活在树上或水中。

蛇是变温动物,也叫冷血动物。所以,当温度过低时,它就要冬眠。惊蛰一到,春雷惊醒的万物里就有蛇。

"一朝被蛇咬,十年怕井绳",人们怕蛇,主要还是因为有的蛇有剧毒,农夫和蛇的故事让人心有余悸。所幸毒蛇虽然可怕,但并不算常见。

蛇以鼠、蛙、鸟等动物为食,可以有效控制田间的鼠害;蛇油、蛇皮、蛇肉都可以为人所用。蛇油可以治烫伤、冻疮等。蛇在生长过程中,需要多次蜕皮,蜕皮失败的蛇会死亡。蛇蜕下来的皮叫作"龙衣",是中药材;剥制的蛇皮则可以做箱包。当然,这都是从人的角度下的判断。

《山海经》记载,有一种巴蛇,能够吞下一头象,三年才消化完,把骨头吐出来。而吃了巴蛇的肉,心和腹就不会生病。也许我们的古人早就发现蛇天赋异禀——嘴能张开到130°到180°,能吞下比自己的头大得多的食

物。虽然吞象是夸张的想象，但是蛇囫囵吞下青蛙、老鼠等小型动物和鸡蛋、鸟蛋是不成问题的。"人心不足蛇吞象"，很多时候，人比蛇贪婪多了。

好，我们来总结一下蛇的特点：

贪婪（能囫囵吞食），神秘（出没在潮湿阴暗处，无足而行，会冬眠，会蜕皮），可怖（有的有剧毒）。

这样一种带有神秘色彩的动物，被神话青睐也就不足为奇了。

伏羲女媧像頁之一 唐 佚名

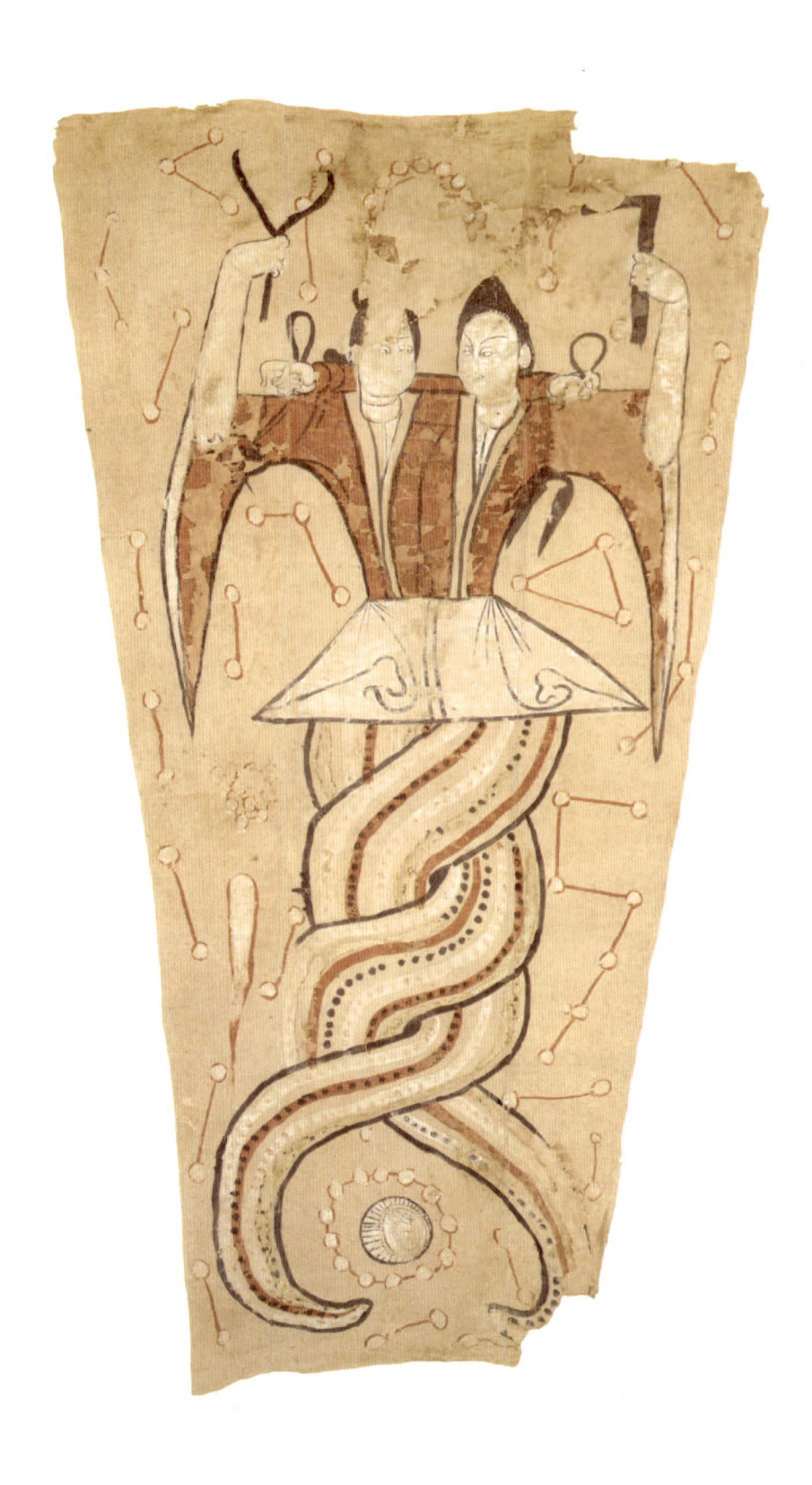

十二生肖·蛇

现代 徐悲鸿

神话常客

你知道哪些与蛇相关的神话故事？

先看国外：引诱伊甸园中的夏娃吃下智慧果的是蛇；杀死拉奥孔父子的是蛇；女妖美杜莎满头蛇发，传说看见她的人会变成石头；日本、印度、埃及、南美等国家和地区的神话中都有蛇的身影……

我国与蛇相关的神话也有很多。传说中，伏羲和炼石补天的女娲就是人首蛇身。愚公移山，惊动了"操蛇之神"，也就是山神，注意，这个山神是手里拿着蛇的。此外还有珥蛇（耳朵上戴着蛇）的神人。

民间故事中，蛇也是一大主角。像我们熟悉的白娘子，就是一条知恩图报的白蛇。

有知恩图报的蛇，也有蓄意害人的蛇。鲁迅小时候，保姆长妈妈讲过一个美女蛇的故事：

先前，有一个读书人住在古庙里用功，晚间，在院子里纳凉的时候，突然听到有人在叫他。答应着，四面看时，却见一个美女的脸露在墙头上，向他一笑，隐去了。他很高兴；但竟给那走来夜谈的老和尚识破了机关。说他脸上有些妖气，一定遇见"美女蛇"了;这是人首蛇身的怪物,能唤人名,倘一答应,夜间便要来吃这人的肉的。他自然吓得要死,而那老和尚却道无妨,给他一个小盒子,说只要放在枕边,便可高枕而卧。他虽然照样办,却总是睡不着,——当然睡不着的。到半夜,果然来了,沙沙沙!门外像是风雨声。他正抖作一团时,却听得豁的一声,一道金光从枕边飞出,外面便什么声音也没有了,那金光也就飞回来,敛在盒子里。后来呢?后来,老和尚说,这是飞蜈蚣,它能吸蛇的脑髓,美女蛇就被它治死了。

结末的教训是:所以倘有陌生的声音叫你的名字,你万不可答应他。

鲁迅《从百草园到三味书屋》

少年鲁迅由此有点担心,夏夜乘凉时不敢去看墙上,又极想得到一盒飞蜈蚣。

除了美女蛇,两头蛇也颇有名气,传说看到它的人会一命呜呼,可见杀伤力比美女蛇还厉害。毕竟美女蛇还得纡尊降贵冒着被飞蜈蚣杀死的风险露个面,两头蛇只要支棱着两个脑袋守株待兔就行了。

春秋时期,楚国小孩孙叔敖出门玩耍,忽然看到了一条两头蛇。他非常害怕,但还是举起石头,勇敢地把蛇杀死,然后埋掉,以免它再害别人。

做完这些,孙叔敖哭着回家和母亲告别:"听说看见两头蛇的人会死,我看到了两头蛇,这下完了!妈妈!"母亲问:"蛇呢?"孙叔敖回答:"我怕它再去害别人,就把它打死埋掉了。"

母亲惊讶于他小小年纪就有如此担当。事实证明,所谓见了两头蛇必死无疑只是无稽之谈,孙叔敖不但安然无恙,长大后还成为楚国令尹,以贤能闻名于世。

流民图卷之二（局部） 明 吴伟

天龙八部罗叉女众（局部）

佚名 明

帝王工具

蛇因其神秘性，常常被历代统治者作为宣扬自己统治合法性的工具。

《山海经》记载，有一个人首蛇身的神，名叫延维。他有两个头，穿紫衣，戴红冠。要是人主看到了他，祭祀他，就可以称霸天下。延维也叫委蛇，传说"春秋五霸"之一的齐桓公就见过它。

有一次，齐桓公去川泽打猎，管仲为他驾车。走着走着，齐桓公忽然看见一个人首蛇身的怪物，顿时吓得魂飞魄散。他拉着管仲的手，颤声问："你看见什么了吗？"管仲说："没有呀。"

虽然管仲坚称没有看到什么奇怪的东西，齐桓公还是疑神疑鬼，回宫之后就大病一场，好几天都不出门。

有个叫皇子告敖的人来见齐桓公，说："你自己吓唬自己罢了，鬼神哪里能吓到你！"齐桓公问："那到底有没有鬼？"皇子告敖说："当然有啦。"然后侃侃而谈，什么履（污泥里的鬼）、髻（灶台里的鬼）、雷霆（房子污垢里的鬼）、罔象（水里的鬼）、夔（山鬼）、彷徨（郊野里的鬼）、委蛇（川泽里的鬼）……难为他能记得这么多鬼话。

齐桓公想起自己是在川泽遇见的怪物，就问："委蛇长什么样？"皇子告敖说："委蛇身子大如车轮，长如车辕，穿紫衣，戴红冠。见到他的人会成为霸主。"齐桓公非常高兴，说："那我看到的就是委蛇！"

见到委蛇的人可以称霸天下，这可真是个好消息。齐桓公翻身坐起，和皇子告敖热络地聊天，吓出来的病不药而愈。

如果你读过古典名著《三国演义》，一定对"高祖斩白蛇而起义"这句话不陌生。这是怎么一回事？

汉高祖刘邦做亭长的时候，接到了押解一群徒役去骊山做工的任务。在路上，很多人瞅准机会就逃跑，人越来越少。看样子，等到了骊山，这些徒役即便不跑光也剩不下几个了。按照秦律，徒役逃跑，押解的人必死无疑。陈胜、吴广就是因为遇到了这种情况，索性揭竿而起。刘邦自然也不会傻到去骊山自寻死路。

一行人走到丰西大泽，刘邦和徒役们围坐在地，大碗饮酒，十分痛快。饮罢，刘邦说："你们都走吧，我也要走了！"

徒役们感激不尽，有的走了，还有十几个人愿意跟着刘邦——虽然不知道跟着他能干什么。一行人继续往前走，忽然，前面探路的人惊叫起来："前面有条大白蛇！咱们还是绕路吧！"刘邦借着酒劲，大声说："男子汉大丈夫怕什么蛇！"上前一步，拔出佩剑，把蛇一砍两段。

又走了一段路，大家都躺下休息。有个人落在后面，来到刘邦斩蛇的地方，看见一个老妇人在黑暗中哭泣。他问老妇人哭什么，老妇人说："我儿子被人杀了！"这人问："你儿子好好的为什么被人杀了？"老妇人说："我儿子是白帝的儿子，刚才变成一条蛇挡在路上，被赤帝的儿子杀了。"

这人觉得这简直太荒诞了，刚要说话，却见老妇人忽然消失了。他大为惊讶，连忙追上了刘邦等人，把这件事告诉了他们。刘邦非常高兴，自以为不是凡人，跟着他的人也越发敬畏和忠诚——毕竟人家是"赤帝的儿子"！

统治者为了宣扬自己统治的合法性，往往附会出各种神奇的故事，什么母亲怀孕时梦见异人异兽啦，出生时红光或者紫气满天、异香满室啦，出生时有龙在房顶啦，小时候有奇人异士说这个人贵不可言啦……齐桓公遇委蛇、汉高祖斩白蛇的故事，都是这种套路。

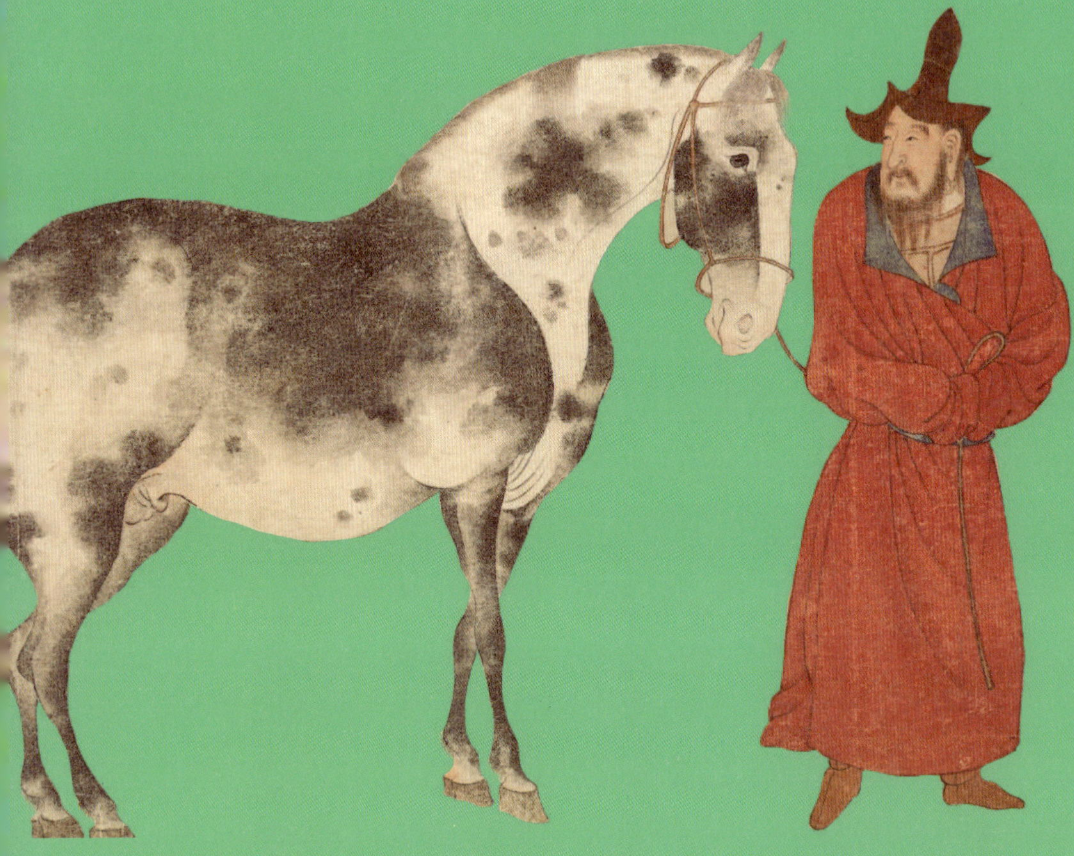

白　马　饰　金　羁

马

神骏非凡

在十二生肖中排名第七的,是颇受欢迎的马。马是我国先民最早驯化的"六畜"(马牛羊鸡狗猪,发现了吗?它们全部位列十二生肖之中)之一,它忠诚、勤恳、灵性十足,在漫长的岁月里与人们相伴相随,为人们立下了"汗马功劳"。

马四肢修长,骨骼坚实,潇洒灵动,善于奔腾跳跃,十分符合人们想象中龙腾飞的样子,古人因此常把龙和马相提并论,或者干脆把马中的佼佼者称为龙。龙马精神、车水马龙,都是我们很熟悉的成语。

马非常聪明。前面提到的"春秋五霸"之一的齐桓公,曾经在率队征战的途中迷路。军队迷路是兵家之大忌,眼见暮色四合,全军上下不禁都有些惊慌。管仲略一思忖,挑选出几匹老马,让它们当先领路。老马不慌不忙走在前面,果然带领大军找到了归途,全军上下这才松了口气。这就是"老马识途"的故事。事实上,经验丰富、临危不乱的管仲也是识途的"老马"呀!

前面说过,《西游记》中的唐僧有一匹白龙马。历史上,玄奘法师也确实被马救过性命。

据《大慈恩寺三藏法师传》记载,玄奘去伊吾(今新疆哈密)之前,胡人向导石槃陀带来一个骑着"瘦老赤马"的老胡翁。老胡翁劝玄奘不要西行,因为太危险。在玄奘表示一定要西行之后,老胡翁把自己的老马换给了玄奘,说它认识去伊吾的路。结果,玄奘在沙漠里迷了路(说好的老马认识路呢?),没有找到泉水不说，还失手打翻水囊，雪上加霜。接下来的五天四夜，玄奘苦于水尽，奄奄一息。到了第五夜，这匹老马终于驮着玄奘找到了一处水草地（老马：我真的认识路！），一人一马这才死里逃生。如果没有这匹老马，取经大业就会宣告终结，我们也就看不到那么精彩的《西游记》了。谢谢老马！

在古代，马是重要的交通工具。春暖花开，出外踏青，自然要骑着马儿，一路小跑；十年寒窗无人问，一朝成名天下知，春风得意，也要跨马游街。

乱花渐欲迷人眼，
浅草才能没马蹄。

白居易《钱塘湖春行》

春风得意马蹄疾，
一日看尽长安花。

孟郊《登科后》

游侠四方的侠客更是鲜衣怒马，潇洒恣意。

白马饰金羁，
连翩西北驰。

曹植《白马篇》

银鞍照白马，
飒沓如流星。

李白《侠客行》

相逢意气为君饮，
系马高楼垂柳边。

王维《少年行四首》

在古代，马也是重要的战争资源。

牧马图 | 唐 韩干

想当年，金戈铁马，
气吞万里如虎。

辛弃疾《永遇乐·京口北固亭怀古》

骝马新跨白玉鞍，
战罢沙场月色寒。

王昌龄《出塞二首》其二

夜阑卧听风吹雨，
铁马冰河入梦来。

陆游《十一月四日风雨大作》

射人先射马，
擒贼先擒王。

杜甫《前出塞九首》其六

老马识途，雄心不改。英雄遥想当年，梦里总少不了战马的身影。

老骥伏枥，
志在千里。

曹操《龟虽寿》

可爱可敬的马儿，让人怎能不喜欢？

马性图

唐 韩干

挟弹游骑图

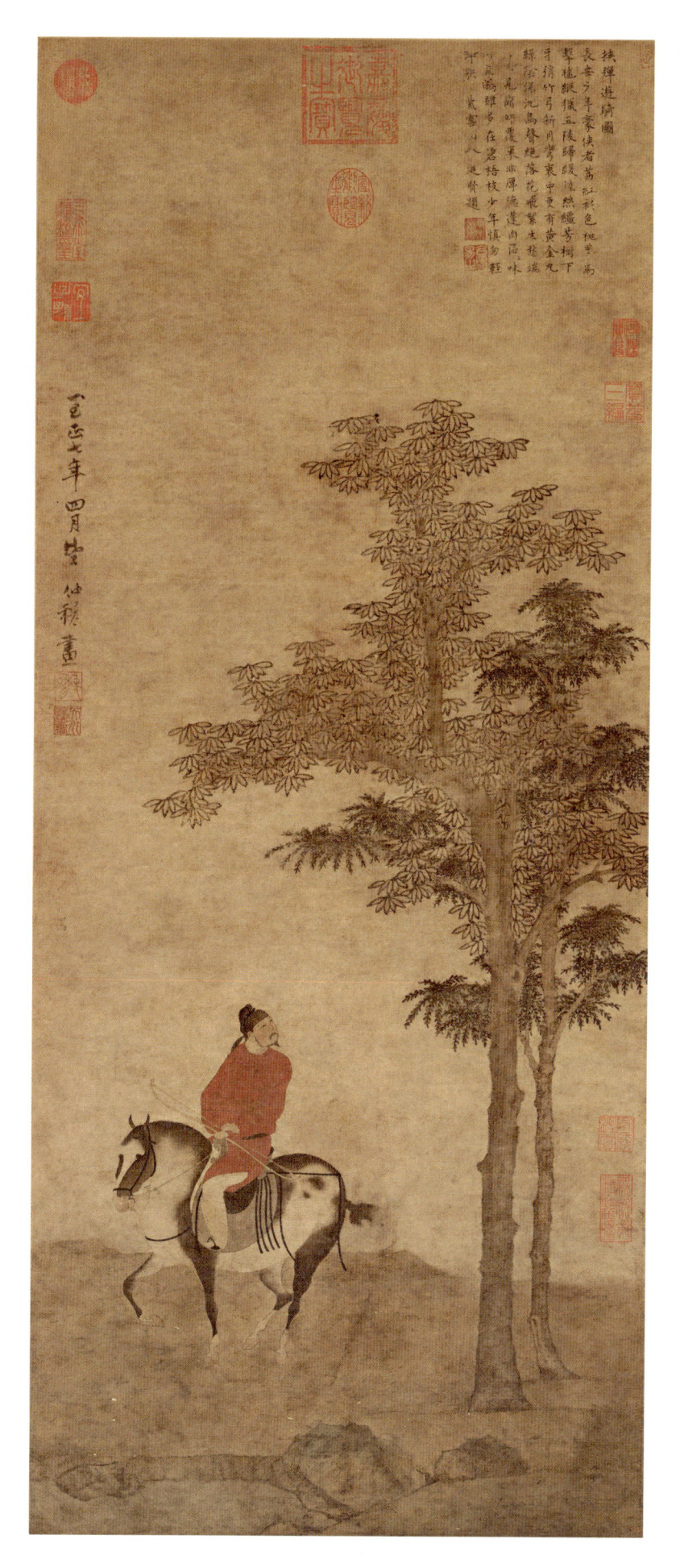

元 赵雍

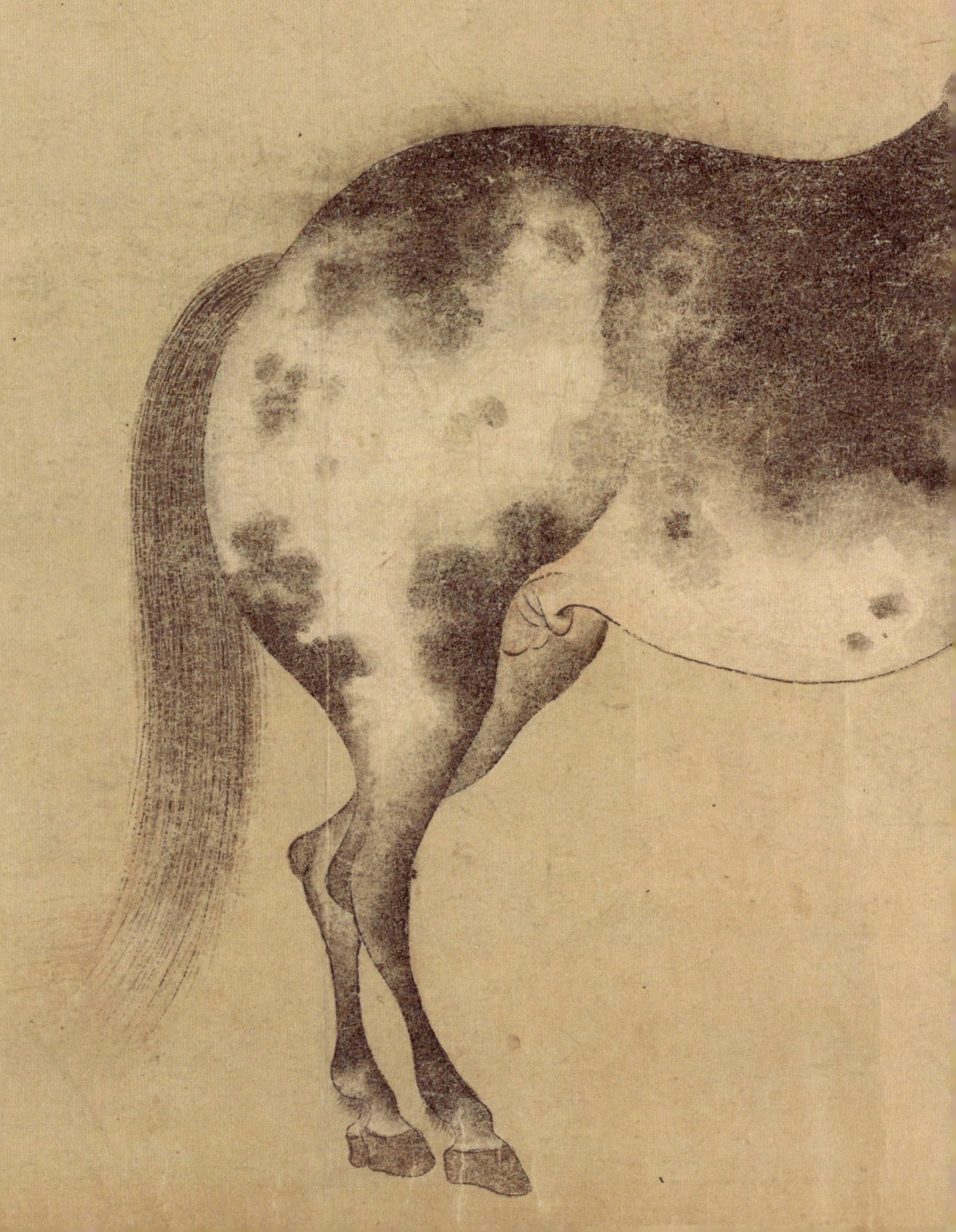

性是龍媒形
鳳瘞千里左
立控鞚西鶼貢
呈唅薩爾常
事乃信王孫
非炫奇
甲申新春
御題

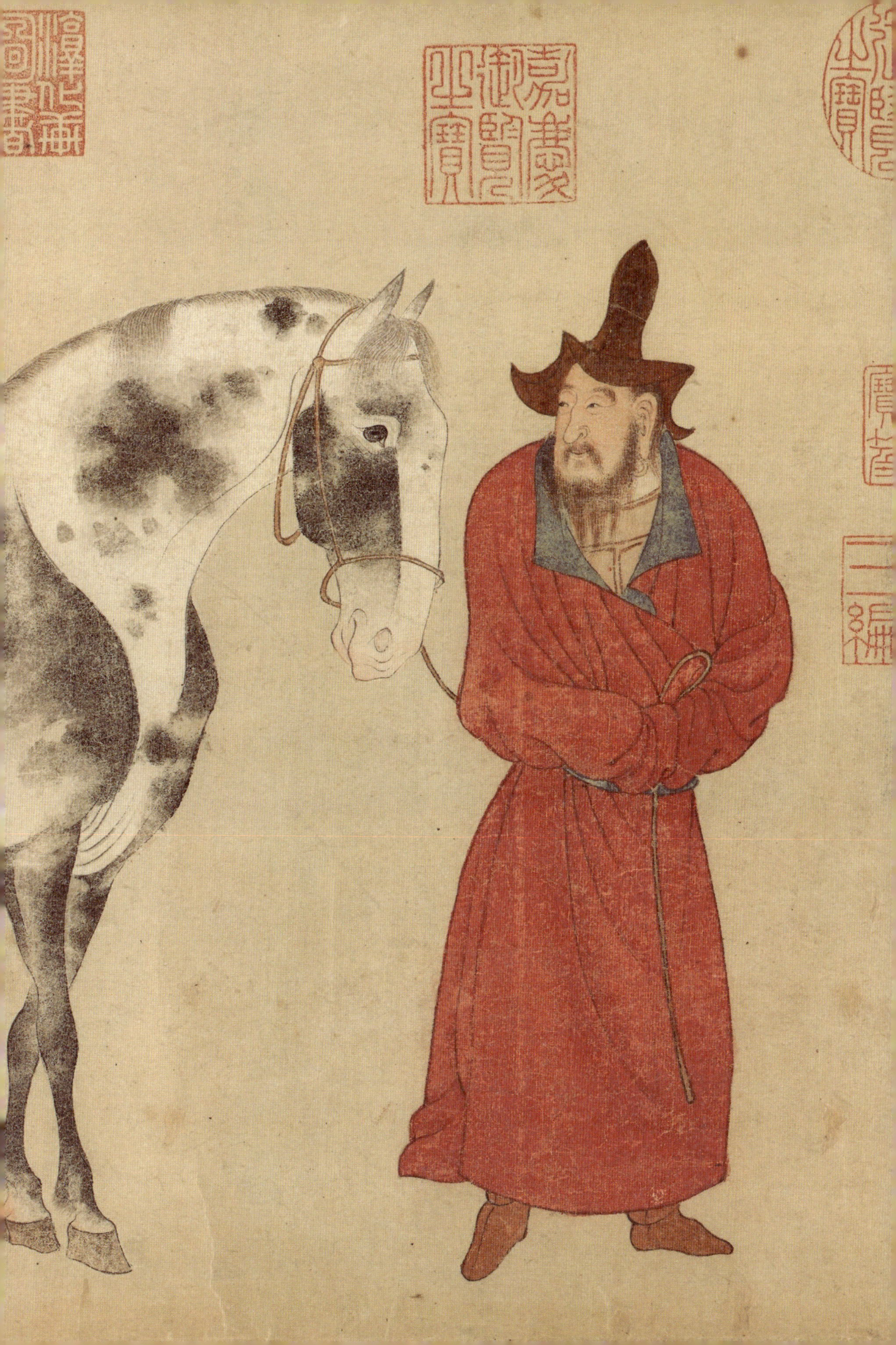

宝马英雄

像宝剑一样，名驹也是名将的"标配"。名将如果没有一匹好马，出门简直不好意思和人打招呼。即便是平民百姓，应征入伍时，也要"东市买骏马，西市买鞍鞯，南市买辔头，北市买长鞭"（《木兰辞》），才好上阵杀敌。

历史上的名马数不胜数，我们来认识几匹。

如果读过《三国演义》，你一定会记得那句"人中吕布，马中赤兔"。这匹在书中先后属于吕布、关羽两员名将的马，可谓大名鼎鼎。关羽亡后，它也绝食而死，忠心耿耿，令人钦佩。如果吕布泉下有知，会不会说："是在下不配让你绝食咯？"那张飞大概会答："呔！三姓家奴！也配宝马如此相待？"

> 马作的卢飞快，
> 弓如霹雳弦惊。
>
> 辛弃疾《破阵子·为陈同甫赋壮词以寄之》

相比于赤兔，的卢的故事更富传奇色彩。在书中，它曾经在檀溪载着刘备一跃而起，化险为夷；也曾经"妨主"，让骑在马背上的庞统身中数箭，"凤雏"折翼落凤坡。

在建立唐王朝的过程中，先后有六匹战马跟随唐太宗李世民东征西讨。它们个个性情坚毅，忠心耿耿。沙场征战苦，经常几天几夜人不解甲，马不卸鞍。在如飞箭矢中往来穿梭，身中数箭还载着主人奋力奔驰、脱离险境是常有的事。说这六匹战马为大唐王朝的建立立下了汗马功劳，可谓毫不夸张。李世民对它们的赫赫战功念念不忘，令人把它们的形象做成浮雕，置于自己陵前，让爱马和自己永不分离。因为李世民葬在昭陵，所以这六匹马的浮雕被叫作"昭陵六骏"。昭陵六骏线条流畅，刀工精细，是我国古代石刻艺术的珍品。遗憾的是，在风雨飘摇的时代，其中两骏被盗出国，昭陵六骏从此天各一方。国弱民穷，国宝流散，令人痛心。为免悲剧重演，吾辈当自强。

说起名马，"汗血宝马"是绕不过去的名字。西汉时，张骞出使西域，发现大宛国有良马，奔驰出汗，汗如鲜血，所以叫"汗血宝马"。汉武帝曾经得到过一匹汗血宝马，非常高兴，呼之为"天马"，还写了一首诗：

为了得到更多的汗血宝马，汉武帝派使者带上重金去大宛国求马，却被大宛国王拒绝。良马奔驰如飞，在骑兵作战中极为重要。汉武帝重金求马，并非只是玩物丧志头脑发昏；大宛国拒绝给马，也不仅仅是因为傲慢，双方都有更深的考虑。

汉武帝想买，大宛国不卖，大汉使者只得打道回府。回来的路上，波折陡生，使者在大宛国境内被杀，重金被

> 太一贡兮天马下，
> 沾赤汗兮沫流赭。
> 骋容与兮跇万里，
> 今安匹兮龙为友。
>
> 刘彻《天马歌》

劫。求马不得已经让人十分恼火，如今连使者都被杀害，汉武帝勃然大怒。

软的不行，就来硬的。汉武帝先后对大宛国发动了两次战争，第一次以惨败收场，第二次终于如愿以偿。这些来之不易的宝马在后来的骑兵作战中发挥了重要作用，"边庭流血成海水，武皇开边意未已"（杜甫《兵车行》），宝马是残酷战争的一个小小注脚。

读到这里，你一定好奇，这种曾经掀起血雨腥风的神秘的汗血宝马，现在还能见到吗？答案是肯定的。一般认为，它就是土库曼斯坦的阿哈尔捷金马。

阿哈尔捷金马长得非常漂亮，身高腿长，皮薄毛细，步伐轻盈，力量大，速度快，耐力强。又好看又好用，难怪让身为天子的汉武帝都念念不忘。

茂陵博物馆藏有一匹茂陵陪葬坑出土的鎏金铜马，就是以大宛马为模特儿铸造的，金光闪闪，神骏非凡。凝视着它，大汉雄风穿越两千余年的时空，扑面而来。

临韦偃牧放图（局部）

北宋 李公麟

浴马图（局部） 元 赵孟頫

真偽何妨晚歲冠此技
庶幾自身不自實吾
轉物乃如末叡九馬者
韓曹輩伯時畫馬繡
老勤波羅蜜禪何之
論佛題

伯乐相马

提到千里马,就不得不提相马的名家。传说天上管理马匹的神仙叫"伯乐",因此,人们也把人间的相马名家叫作"伯乐"。

我们通常提到的那位伯乐,一般是指生活在秦穆公时的伯乐孙阳。他写了一本《相马经》,里面提到:千里马额头高,眼睛大,蹄子像层层叠叠的酒曲片。

他的儿子看了,欣欣然捧着书去找千里马。走哇走哇,正走得累了,忽然路边"呱"一声响,跳出一只癞蛤蟆。

儿子一看,呀,这玩意儿额头高,眼睛大,只是蹄子不符合标准而已。那么,它即便不是万里挑一的好马,也得是百里挑一了吧!赶紧抓住它!

儿子兴冲冲回家,对父亲说:"我按照你写的,找到了一匹千里马。它额头高,眼睛大,只是蹄子不像层层叠叠的酒曲片,有点儿美中不足。"说着就拿出了那只癞蛤蟆求表扬。

伯乐一看,忍不住笑了,说:"你找的这匹'千里马'太能跳了,只怕没几个骑手能驾驭它。"

儿子不能继承父业,相马的事业总得后继有人。

有一次,秦穆公问:"你年纪大了,不忍心让你再四处奔波。你有什么人选推荐吗?"

伯乐说:"有哇,九方皋的能力不在我之下。"秦穆公很高兴,就托九方皋去找千里马。

伯乐相马图

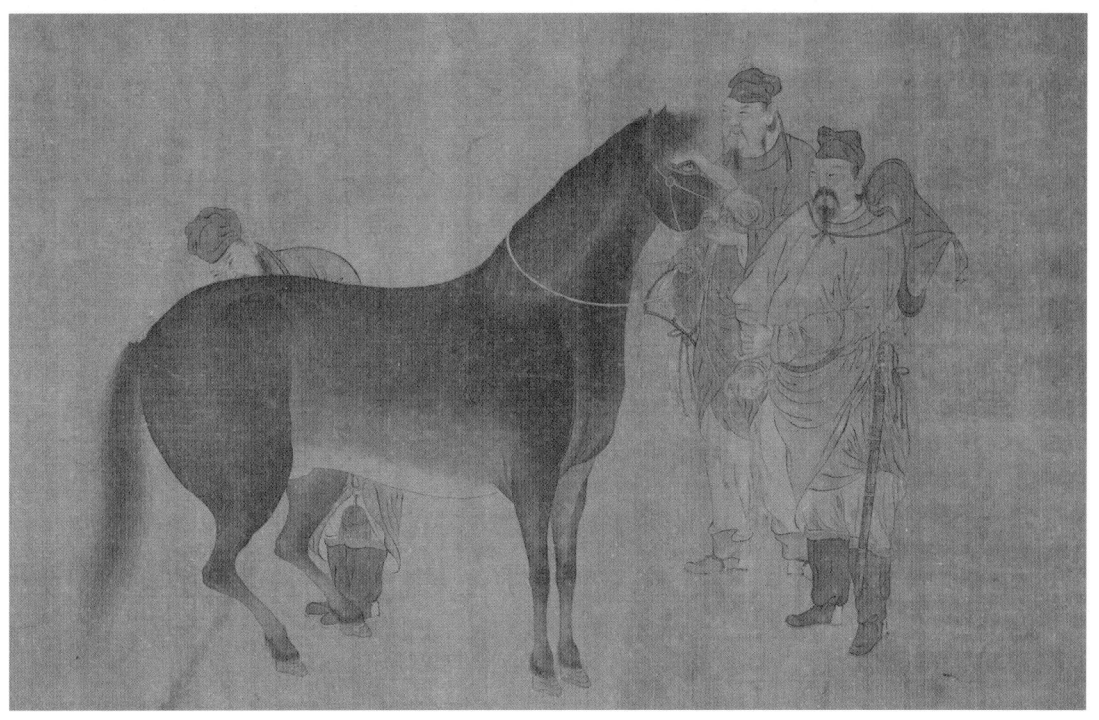

元 赵子俯 赵孟頫（传）

九马图（局部） 元 任仁发

九方皋一去就是三个月，秦穆公盼得脖子都长了，九方皋才不慌不忙地回来，说："千里马已经找到啦，现在在沙丘。"

秦穆公很高兴，问："是什么样的马？"

九方皋说："是一匹黄色的母马。"

秦穆公赶紧派人去把马带来，一看，简直眼前一黑：哪里有什么黄色的母马？分明是一匹黑色的公马！这个九方皋莫非是个色盲？

秦穆公哭笑不得，派人把伯乐找来，说："瞧你给我推荐的好'人才'！他连马是公是母、是黑是黄都分不出来，他找来的能是千里马吗？！"

伯乐赞叹道："九方皋相马竟然达到了这样高妙的境界！他比我强千百倍。他看到的是马的天赋，而忽略其粗糙之处；明悉其内在本质，而忽略其外表。他只看见所需要看见的，看不见不需要看见的。九方皋相马的价值，远远高于千里马的价值。"

事实证明，九方皋找来的果然是一匹难得的千里马。

后人根据这两个故事，提炼出了成语"按图索骥""牝牡骊黄"。

伯乐难求

千里马难得,伯乐比千里马还要难得。千百年来,无数人才渴望着有伯乐能发现自己,"铅刀贵一割",只求一个展示才能的机会。唐代文学家韩愈曾经感慨地写道:

> 世有伯乐,然后有千里马。千里马常有,而伯乐不常有。故虽有名马,祗辱于奴隶人之手,骈死于槽枥之间,不以千里称也。马之千里者,一食或尽粟一石。食马者不知其能千里而食也。是马也,虽有千里之能,食不饱,力不足,才美不外见,且欲与常马等不可得,安求其能千里也?策之不以其道,食之不能尽其材,鸣之而不能通其意,执策而临之,曰:"天下无马!"呜呼!其真无马邪?其真不知马也!

韩愈《马说》

"其真无马邪?其真不知马也!"这是千里马的悲鸣,也是人才的悲鸣。韩愈不愧是"文起八代之衰"的大文豪,简直是无数人才的"嘴替"。如果没有有识之士发掘,人才往往如同被埋没的千里马,一生郁郁不得志。

> 大漠沙如雪，
> 燕山月似钩。
> 何当金络脑，
> 快走踏清秋。
>
> ——李贺《马诗·大漠沙如雪》

唐代诗人李贺这首诗用马自比，希望能够建功立业，然而残酷的现实是，他因为非常荒唐的原因，连科举考试都无法参加，才华横溢却一生坎坷，二十七岁而殁。

那么，如何发掘人才？

战国时，群雄并起，各国君王展开了人才争夺战。燕昭王向大臣郭隗请教："怎样才能招揽人才？"郭隗就讲了一个故事：

从前，有个国君想花重金求一匹千里马，一直未能如愿。有人主动请缨去办这件事。过了一段时间，他花了五百金买下一堆千里马的骨头，带着回来了。国君大吃一惊，又心疼那五百金，说："我要的是活马，你花重金买一堆死马骨头有何用？"这人回答："千里马的骨头大王尚且肯花重金买下，活的千里马就更不用说了。天下人如果知道了这件事，还愁没有千里马吗？"

郭隗说到这里，话锋一转："大王如果真心求贤，就先重用我郭隗吧！我这样并不突出的人都被大王重用了，天下的人才就会不请自来了。"

燕昭王深以为然，果然尊郭隗为师，还建了一座黄金台，求贤于天下。消息传开，乐毅、邹衍、剧辛等人纷纷前来投靠，燕国因此强大起来。这就是"千金买骨"的故事。黄金台因此成为一个求贤的象征，被历代文人墨客反复吟咏。

> 君不见昔时燕家重郭隗，
> 拥彗折节无嫌猜。
> 剧辛乐毅感恩分，
> 输肝剖胆效英才。
> 昭王白骨萦蔓草，
> 谁人更扫黄金台？
>
> ——李白《行路难三首》其二

> 报君黄金台上意，
> 提携玉龙为君死！
>
> ——李贺《雁门太守行》

九百多年后,唐代诗人陈子昂在极度失意中登上了幽州台(据说幽州台就是燕昭王用来求贤的黄金台),感慨万千,写下了流传千古的名篇:

> 前不见古人,
> 后不见来者。
> 念天地之悠悠,
> 独怆然而涕下!
>
> ——陈子昂《登幽州台歌》

一心求贤的明主令后人渴慕,人才与千里马的故事还有很多。

战国时,有一个叫汗明的人求见楚国的春申君黄歇,等了三个月才和春申君见了一面。春申君见汗明谈吐不凡,很高兴,但并没有重用他。

汗明对春申君说:"您知道千里马吗?有人得到一匹千里马,却不识货,让它拉着盐车爬太行山。千里马不堪其重,汗流浃背,这个人就用鞭子抽,逼着马继续往前走。千里马走到山路中间,精疲力竭,再也上不去了。这时伯乐正好路过,看到了它,立刻冲过来,抱住它痛哭,脱下自己的衣服给它披上。千里马低头叹了口气,又昂起头高声嘶叫,声音直上云天,响亮如金石之声。因为它知道伯乐才是自己的知己呀!"

汗明讲这个故事,旁敲侧击,一方面表示对春申君的感激(春申君毕竟认可了汗明的才能),另一方面委婉地请求春申君再帮自己一把,很懂说话的艺术了。

读到这里,理解下面两句应该不成问题了:

> 汗血盐车无人顾,
> 千里空收骏骨。
>
> ——辛弃疾《贺新郎·同父见和再用韵答之》

说的就是"汗血盐车""千金买骨"的故事。

秋郊饮马图（局部） 元 赵孟頫

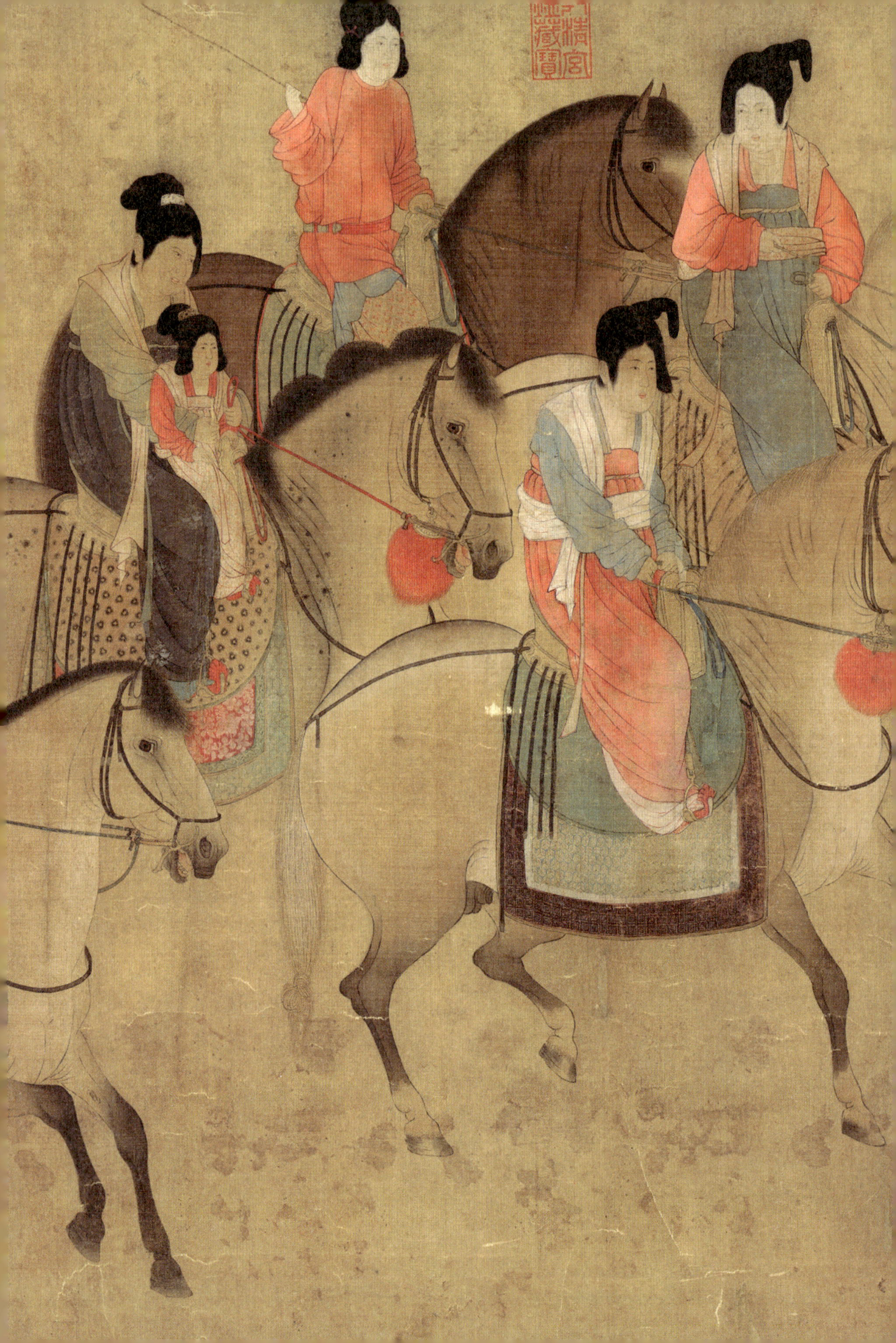

唐 张萱

虢国夫人游春图（局部）

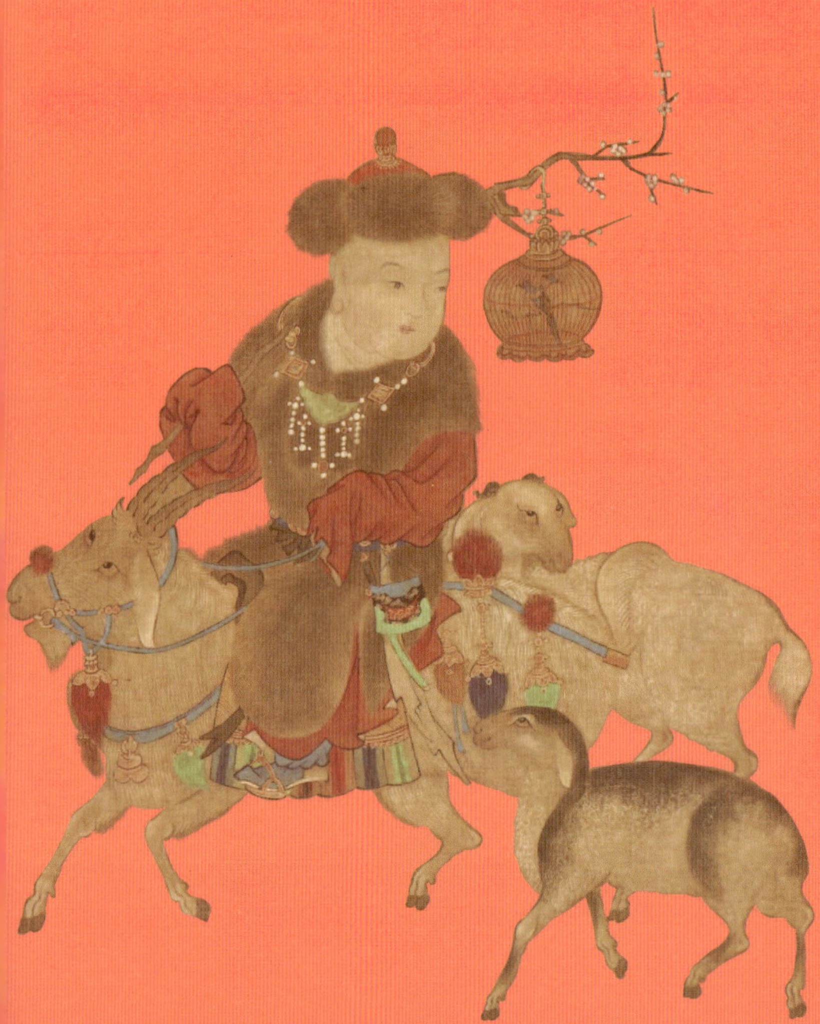

三 羊 开 景 泰

羊

温顺活泼

十二生肖中，排名在马之后的是羊。像马、牛一样，羊也是人们最早驯化的"六畜"之一。据说，女娲正月初一造了鸡，初二造了狗，初三造了猪，初四造了羊。

我们熟悉的羊主要有两种，绵羊和山羊。这两种羊的性情大不相同。绵羊的性情比较温顺，人们形容一个人乖巧，往往说"乖得和小绵羊似的"。绵羊胆子小，习惯于集体活动。山羊相对而言要活泼得多，能在陡峭的山地上健步如飞，很配得上名字里的"山"字。山羊能担任一群绵羊的领头羊，带领它们东奔西走，甚至走向屠宰场，绵羊永远懵懵懂懂地跟随，乖巧得让人唏嘘。

正所谓"兔子急了也咬人"，羊也有好勇斗狠的一面，羊角并不是可有可无的摆设。在争夺地盘、配偶的时候，羊也会不顾一切，打得头破血流，角折断了也在所不惜。

羊是牛科动物，这是不是有点出人意料？更令人感到新奇的是，羊的瞳孔是矩形的，这样它就有了很宽的外围视野，在晚上能够看得更清楚。这也多多少少给羊增添了一些诡异色彩。

还有更诡异的。传说羚羊晚上睡觉的时候，会找一棵树，把角挂在树杈上，整个身体随之悬空，好躲避天敌的袭击。正所谓：

羚羊挂角，无迹可求。

> 天苍苍，
> 野茫茫，
> 风吹草低见牛羊。
>
> 《敕勒歌》

这是令人向往的草原风光。然而，羊对植被的破坏很大，所谓"牛食如浇，羊食如烧"——牛吃了草，草还可以"春风吹又生"；而羊会把草连根拔起。如何在养羊的同时保护植被，需要人们发挥自己的聪明才智。

羊吃的是草，奉献给人的却是奶、肉、皮毛等，无论人们怎样评价它，羊都是人类善良、忠实的朋友。

苏武牧羊图

李迪（传）

南宋

南宋 陈居中

四羊图（局部）

百祥衍庆图（局部）

元 佚名

吉祥美好

在古人眼中，羊是代表美好吉祥的动物。比如"美"字，从羊从大。古人认为羊大则美。古人又认为，羊者，祥也。

前面说过，羊、猪合称"少牢"，牛、羊、猪合称"太牢"，太牢是祭祀所用牺牲的最高规格。如果羊不是吉祥的动物，古人怎么会用它祭祀神明和祖先呢？而羊肉也确实非常鲜美，当得起这份重任。不过，如果羊能选择，它肯定很想撂挑子。

羊肉如此美味，人人都想享受，不免产生争执。

汉光武帝时期，朝廷每年腊月都赐给博士（这个"博士"不是博士学位，而是古代的一种官职）一只羊，但羊不可能每一只都一样大、一样肥。有人建议把羊杀掉，把肉均分，免得大家挑肥拣瘦，心理不平衡。

有一个博士叫甄宇，默默地牵走了最小最瘦的那只羊。其他人一看，也就不再争执了。甄宇因此得了一个"瘦羊博士"的雅号。后来，人们就用"瘦羊博士"形容那些克己让人的人。

小小一只羊，测试出了一个人的品德，相比之下，那些"挂羊头卖狗肉"的人应该感到羞愧。

说到羊的吉祥寓意，就不能不提"羊城"广州。

传说，广州曾经遭遇灾荒，民不聊生。后来，有五位仙人，身穿彩衣，骑着口衔稻穗的仙羊，前来拯救百姓。

> 哀哀父母，生我劬劳。
> ……
> 欲报之德，昊天罔极。
>
> 《诗经·小雅·蓼莪》

仙人留下了稻穗，飘然而去；五只仙羊却化为石羊，留在广州。从此，广州风调雨顺，稻穗飘香，成为富庶祥和之地。这就是广州得名"羊城""五羊城""穗城"的原因。

除了鲜美的滋味、吉祥的寓意，在古人眼中，羊还具有可贵的美德。

父母对子女的养育之恩，比山高，比海深。人如果不知感激父母的养育之恩，那就连禽兽也不如了。

> 羊有跪乳之恩，鸦有反哺之义。

小羊羔吃奶时双膝跪地，这本是自然现象，但在古人看来，这是小羊羔在感谢母羊的养育之恩。兽犹如此，人何以堪？

早在两千多年前，人们就吟诵着：

三羊图（局部） 佚名 宋

枯树五羊盘陀

刁光胤 唐

初平牧羊图（局部）

佚名 南宋

无稽之谈

羊滋味鲜美，寓意吉祥，但民间却有一种迷信说法，认为"属羊不好"，这种说法还特别有市场，使属羊的人多多少少会遇到一些歧视，也使无辜的生肖羊蒙上了不白之冤。

我们有理由相信，在十二生肖确立之初，并无"属羊不好"的说法，因为古人不会故意在十二生肖里加入一个"不吉利"的动物。那么，"属羊不好"这种说法从何而来？

一般认为，这种说法产生于清末。清朝末年，列强入侵，山河破碎，民不聊生。当时的实际掌权者慈禧太后生活奢靡，对内极其凶残，对外却无比软弱，竟能说出"量中华之物力，结与国之欢心"这样恬不知耻的话。百姓痛恨慈禧，不免拿她的属相做文章，而慈禧恰恰属羊。另外，北洋军阀袁世凯也属羊。袁世凯曾经出卖维新派，签订卖国条约，窃取辛亥革命的果实，做了大总统还不够，还异想天开要做皇帝，遭到了全国人民的激烈反对。历史的车轮滚滚向前，把他的皇帝梦无情地碾碎。

一连出了两个属羊的"人才"，民间会产生"属羊不好"的说法，也就可以理解了。这是百姓对慈禧、袁世凯的诅咒，一种无奈的自我安慰而已。

也有人认为，这其中有清末革命者的刻意引导。借助一些迷信说法制造舆论，争取支持，这种做法在历史上屡见不鲜，前面讲过的"汉高祖斩白蛇"就是其中之一。

民间诅咒也好，反清宣传也罢，都不能证明"属羊不好"。事实上，即便生逢乱世，慈禧、袁世凯的一生也都当得起"荣华富贵"四字，比绝大多数人的日子都好过得多。这也恰恰说明"属羊不好"纯属无稽之谈。在愚昧落后的时代，这种说法大行其道，还算情有可原；在科学昌明的今天，如果还对这种说法深信不疑，那就显得十分可笑了。

羊图

清 赵福(传)

三羊开泰图（局部） 佚名 元

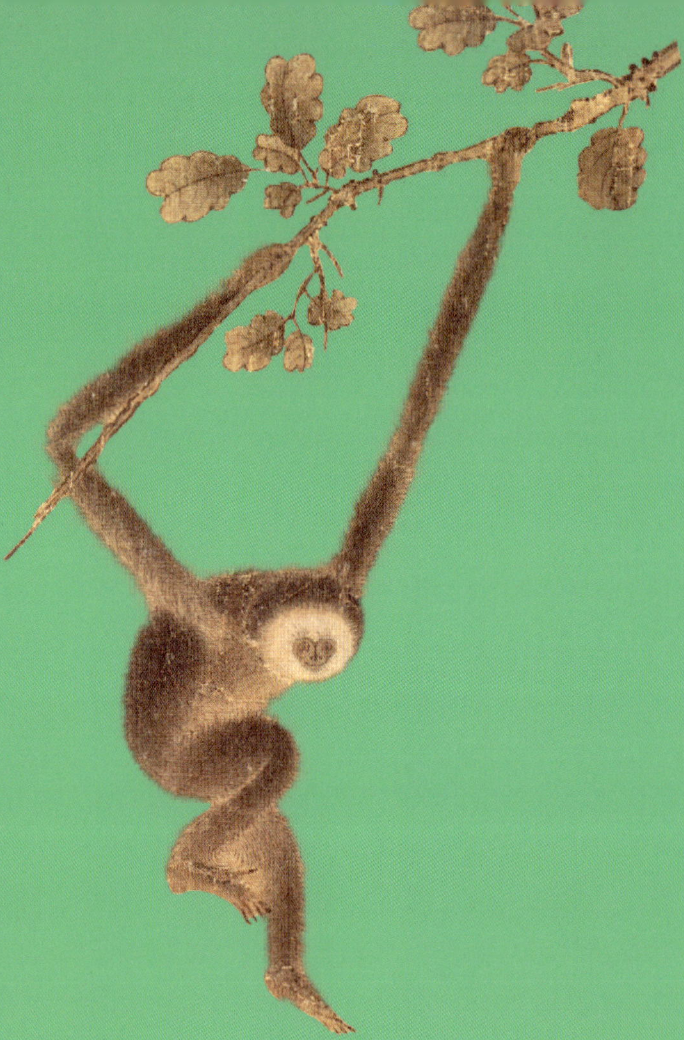

金　猴　献　寿　来　　猴

灵长动物

十二生肖中，排在羊后面的是猴，它也是我们非常熟悉的动物。猴和人类一样，是灵长类动物。与其他哺乳动物相比，灵长类动物是很有优势的：大脑发达，智商较高，双手灵活，远超其他动物。比如，猴会用石头砸开坚果取食，黑猩猩则会把树枝伸进白蚁窝"钓"白蚁吃。虽然这与真正的制作和使用工具有着本质的区别，但也可见灵长类动物的智慧。

猴是杂食动物，身手敏捷，在林中攀援如飞。它们的模仿能力很强，尤其擅长模仿同为灵长动物的人类。有的猴因此失去了自由，成为人类的赚钱工具，在鞭子下，在舞台上，不情愿地演绎着它们不能理解的悲欢离合。

唐末黄巢起义爆发，唐僖宗匆忙逃出长安，有一个耍猴人随驾。

这个耍猴人很有一套，驯出来的猴子能跟着皇帝随朝站班。唐僖宗龙颜大悦，就赏了这耍猴人一个五品官职。亡国之祸迫在眉睫，皇帝不但还有心情看猴戏，而且赏一个耍猴人做五品官，这个国家也就亡得不冤了。诗人罗隐十余年来屡试不第，见此情景，心中五味杂陈，写下了《感弄猴人赐朱绂》：

十二三年就试期，
五湖烟月奈相违。
何如买取胡孙弄，
一笑君王便著绯。

"胡孙"就是"猢狲",也就是猴子。"朱绂"就是红色的衣服,当时五品官的官服是红色的,所以说"一笑君王便著绯"——博得天子的开心一笑,耍猴人就得到了五品官职,穿上了红色的官服。无数读书人辛辛苦苦仍然求而不得的功名,一个耍猴人靠一只猴子轻轻松松就得到了,这是何等的讽刺。面对这荒唐的现实,诗人愤懑不平,但又无可奈何,只能把复杂的感情化作一首诗。

当然,小小的猴子是无辜的。如果可以选择,相信它会选择自由自在的日子,而不是任人摆弄。诗人批判的矛头指向的是荒唐昏聩的最高统治者,而不是无辜的可怜的小猴。

无论如何,机灵可爱的猴很受人们欢迎。又因为"猴"谐音"侯",人们也喜欢用猴的形象来讨好彩头。比如猴骑马,这叫"马上封侯";大猴背着小猴,这叫"辈辈封侯"。

攀猿图 | 南宋 佚名

猿戏图（局部）

北宋 易元吉（传）

猿猴摘果图（局部）　宋 佚名

英雄缘起

说到猴，大家最熟悉的，当属孙悟空了。一部《西游记》，让神通广大、有勇有谋的美猴王的形象深入人心。他曾不畏艰险，漂洋过海，学得一身本领；他曾不满现状，大闹天宫，被压五行山下五百年。西行路上，他忠心耿耿，斩妖除魔，保护唐僧一路前行。功夫不负有心人，英雄最终修成正果，成为斗战胜佛。小时候每次看到《西游记》最后一集，《取经归来》的前奏一响，都忍不住泪眼模糊——觉得我猴哥这一路行来好生委屈！

这样一个人气颇高的英雄，究竟来自何方？

有的学者认为孙悟空是中国本土的英雄。鲁迅先生在《中国小说史略》中提到，唐人传奇中记载，大禹治水时，遇到一个名叫"无支祁"的水怪，形若猿猴，缩鼻高额，青躯白首，金目雪牙，颈伸百尺，力逾九象。迅哥儿认为这个形若猿猴的无支祁就是孙悟空的原型。

有的学者认为孙悟空的原型是印度史诗《罗摩衍那》中神通广大的神猴哈奴曼。这一观点的代表人物是胡适：

> 我总疑心这个神通广大的猴子不是国货，乃是一件从印度进口的。也许连无支祁的神话也是受了印度影响而仿造的。

对此，鲁迅先生认为，《西游记》的作者并未看过佛经，反倒是对唐人小说很熟悉，《西游记》中不少地方都受唐人小说影响。

所以我还以为孙悟空是袭取无支祁的。但胡适之先生仿佛并以为李公佐就受了印度传说的影响，这是我现在还不能说然否的话。

李公佐是唐代的小说家，他最有名的代表作是《南柯太守传》，贡献了"南柯一梦"的典故。迅哥儿提到的记载水怪无支祁的那个"唐人传奇"，就是李公佐的《古岳渎经》。

宋代话本《陈巡检梅岭失妻记》中说，梅岭之北有一申阳洞，洞中有一个猴精，有兄妹四人：大哥通天大圣，二哥弥天大圣，三哥齐天大圣，小妹泗洲圣母。

这个齐天大圣神通广大，变化多端，但是喜欢强抢民女，做猴的格调实在不高。最后这厮被紫阳真人命手下捆了，押往酆都天牢问罪，大快人心。虽然感情上很难接受，但是就神通和名字看，这只好色的猴子的设定已经和猴哥比较接近了。

元末明初杨景贤的杂剧《西游记》里，猴精家族又壮大了：大姐骊山老母，大哥齐天大圣，小妹巫枝祇圣母（有没有联想到无支祁？），小弟耍耍三郎。孙行者法名孙悟空，号通天大圣，排行第三。令人惊掉下巴的是他有一个妻子，还是个公主。这个猴头不但偷了王母娘娘的仙桃，还给妻子偷了一套仙衣，让她穿着四处招摇。冲着这一点我们是不是还得夸他顾家？可发一噱。

元杂剧《二郎神锁齐天大圣》中，齐天大圣的兄弟姐妹们又有变化：大哥通天大圣，大姐龟山水母，二哥齐天大圣，妹妹铁色猕猴，弟弟耍耍三郎。

到了《西游记》中，猴哥变成了天生地产的石猴，石头里蹦出来的独生子，摆脱了这一大家子猴。虽然有几个结拜兄弟，但是感情十分塑料，不值一提了。

猿图

南宋　毛松（传）

仙岩猿鹿图　马世荣（传）　南宋

猿鹭图

北宋 易元吉（传）

柏鹿图（局部） 清 沈铨

松猿图（局部）

南宋 牧溪

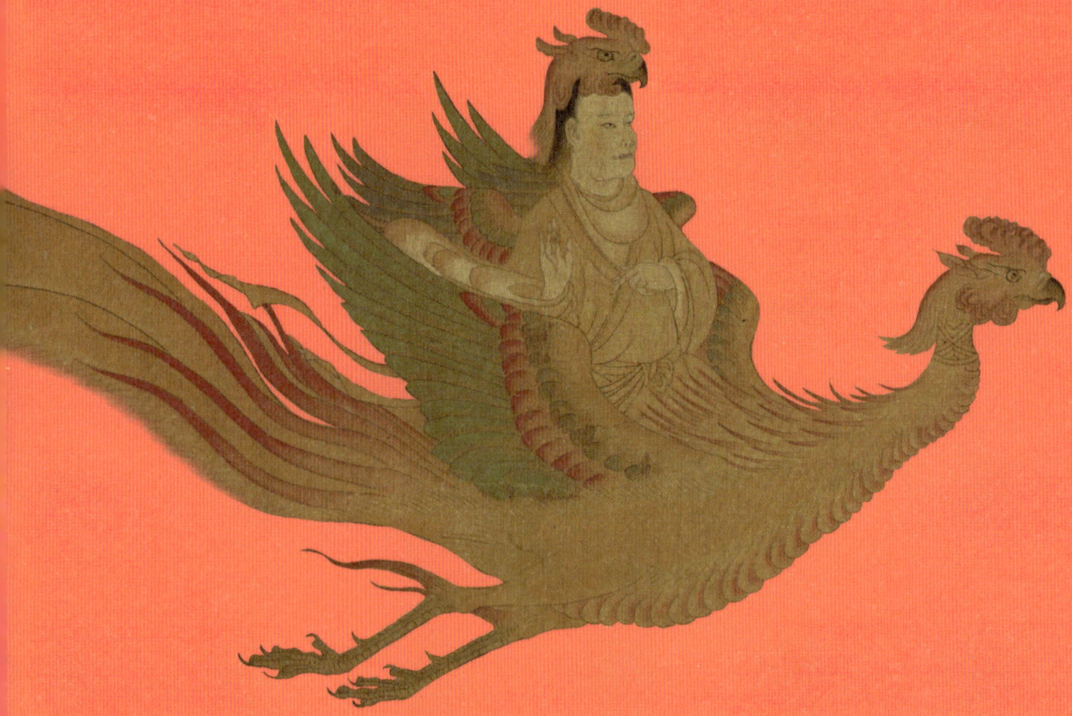

鸡 唱 天 下 白

五德之禽

十二生肖中，排在猴后面的是鸡。鸡也是我们非常熟悉的一种动物，很早就被人类驯化，成为家禽。

> 鸡栖于埘。
> 日之夕矣，
> 羊牛下来。
>
> 《诗经·王风·君子于役》

夕阳西下，鸡回到鸡窝，牛羊也慢慢归栏。在漫长的岁月里，鸡一直陪伴着人们。

公鸡报晓，母鸡产卵，鸡的肉、蛋、羽毛等都能为人所用。尤其是鸡毛掸子，不但能掸灰除尘，还能当武器。虽然人一做了父母就忽然变身武林高手，恨不能飞花摘叶皆可伤人，但是他们都不会拒绝鸡毛掸子的帮助，毕竟，这玩意儿打人，疼……

一般情况下，公鸡从开春养到年尾，就可以"二十七，杀小鸡"了，所以是"大"公鸡；母鸡的下蛋高峰期约有两年，所以能从"小"母鸡变成"老"母鸡。看来业务能力能暂时保命。

鸡蛋真是一种神奇的好东西，肉蛋奶中，它是最平价、最易得的。它的营养可以供一只小鸡破壳而出，想想颇令人感动。一个温暖洁白的荷包蛋，一碗热气腾腾的蛋花汤，永远温情脉脉，永远不显寒酸。"吃点鸡蛋补补吧！"

这个可以有。此外，毛鸡蛋、活珠子两大著名衍生品也可以归入鸡蛋门下。喜爱者称它们为极品美食，不能接受者望之即退避三舍。你吃过吗？

传说中，有一种神奇的鸡，叫"五时鸡"。它随着更鼓击声而鸣叫，一更叫一声，五更就叫五声，把公鸡报晓的功能发挥到了极致。

我们的古人认为鸡有"五德"：

头戴冠者，文也；足傅距者，武也；敌在前敢斗者，勇也；见食相呼，仁也；守夜不失时，信也。

鸡头戴鸡冠，这是"文"。在古代，戴冠是身份的象征，普通百姓没有资格戴冠。鸡脚上有距，这是"武"。距就是鸡脚后面突出的像足趾一样的东西，它使鸡看起来非常威武。鸡敢于搏斗，这是"勇"。一旦有天敌来袭，母鸡会立即把小鸡护在翅膀之下，临危不惧；公鸡更是羽毛倒竖，勇敢地鸣叫迎战。鸡找到食物后，总会"咯咯咯"地呼朋引伴，大家一起享用，这是"仁"。

雄鸡天天报晓，准时将人们唤醒，这是"信"。鸡有这五种美德（虽然有些在今天看来实在有点牵强），自然是可以信赖的"五德之禽"啦！

在传统文化中，公鸡是太阳的化身，是金乌，也代表着阳性与刚猛。当金鸡报晓的时候，光明将驱走黑暗，大地生机盎然。因为这种驱邪避灾的理念，民间剪纸中，公鸡的形象十分常见。

鸡还做了很长一段时间的门神。据晋代王嘉《拾遗记》记载，鸡能辟邪，使妖灾群恶不能为害，魑魅丑类自然伏退。"今人每岁元日，或刻木铸金，或图画为鸡"，置于门窗。因此，大约在魏晋时期，鸡就成为辟邪的门神，称为"鸡王镇宅"。

分哺图（局部） 明 边文进

花下将雏图（局部）

佚名　元

鸡图

毛益 南宋

闻鸡起舞

公鸡是报晓灵物，勤奋的人们在公鸡高亢的鸣叫声中醒来，开始一天的学习、劳作。

三更灯火五更鸡，
正是男儿读书时。
黑发不知勤学早，
白首方悔读书迟。

颜真卿《劝学》

西晋末年有一个人叫祖逖，年纪轻轻就志存高远。他有一个好友叫刘琨，有一段时间，两个人都担任司州主簿。一天半夜，祖逖听到鸡叫声，就叫醒同住的刘琨，两人起床练剑。这就是"闻鸡起舞"的故事。

后来，西晋爆发了八王之乱，各藩王争权夺利，政局动荡不安，害得国家元气大伤。

内乱结束后，北方的匈奴人挥师南下，攻占洛阳，俘虏了晋怀帝，后来毒死了他。晋怀帝死后，司马邺在长安登基，史称晋愍帝。

在此期间，皇室成员司马睿避到现在的南京，积极经营自己的势力。晋愍帝即位后，让司马睿起兵勤王。祖逖积极请战，他分析说，藩王争权，自相残杀，给北方的敌人以可乘之机。现在北方的百姓过得并不好，如果挥师北伐，一定会有大批北方民众积极响应。但是，在司马睿看来，当务之急是在江南站稳脚跟，他根本就不想为皇帝消耗自己的实力，可惜这话不能明说。既然祖逖主动请缨，司马睿就任命他为奋威将军、豫州刺史，拨给他千人的粮饷和三千匹布帛，至于战士和兵器，就靠他自己想办法了。

司马睿不肯给予有力支持，祖逖一点都不灰心。他率领自己的私家军队，渡江北上。船行到长江之中，祖逖用力拍击船楫，发誓要恢复中原，否则决不回还。这就是成语"中流击楫"的出处。渡江之后，祖逖驻扎下来，一边铸造兵器，一边招募新的士兵。经过一番努力，收复了很多土地。

双鸡图　明　陆治

牡丹双鸡图（局部）

五德韡韡诗我三鬴
史记揖撷珠台瑞
延逢玉叶休徵立
吴歌雉峙闻尝会
凤兴花冠原自好
苓羽讵如庭士雅
中宵鼛安东三雀
槃界池图画衷沁
伴经山侣

呆若木鸡

纪渻子为周宣王驯养斗鸡。周宣王等了十天，问："斗鸡驯好了吗？"纪渻子回答："还没有呢，这只鸡虚浮骄傲，而且自恃意气。"

周宣王又耐着性子等了十天，来问进展，纪渻子回答："这只鸡现在听声见影都有反应，又蹦又叫，还是不行。"周宣王只好继续等。

十天后，这只鸡还是不中用，纪渻子说它顾看迅疾，意气强盛。

又过了十天，算来这只鸡已经被驯了整整四十天了，周宣王又来问，纪渻子回答说差不多了。

那么，这只鸡变成了什么样子呢？别的鸡在它旁边打鸣，它也没有反应了，看上去就像一只木鸡。别的斗鸡看见它，都吓得掉头就跑。

成语"呆若木鸡"就出自这个故事。呆若木鸡本来是指斗鸡的最高境界，一只斗鸡做到了呆若木鸡，就能让对手不敢迎战，堪称"不战而屈人之兵"。后来，随着语言的发展，"呆若木鸡"的意思发生了变化，形容因恐惧或惊讶而发愣的样子。

摹宋苑画榴下雄鸡图（局部） 清 邹一桂

新年大吉图 清 陈舒

芋鸡图 南宋 方洺

鸡图

明 唐寅

血染红冠锦绣翎 昂昂气象自然清 大明门外朝天客 主马先听第一声

唐寅画

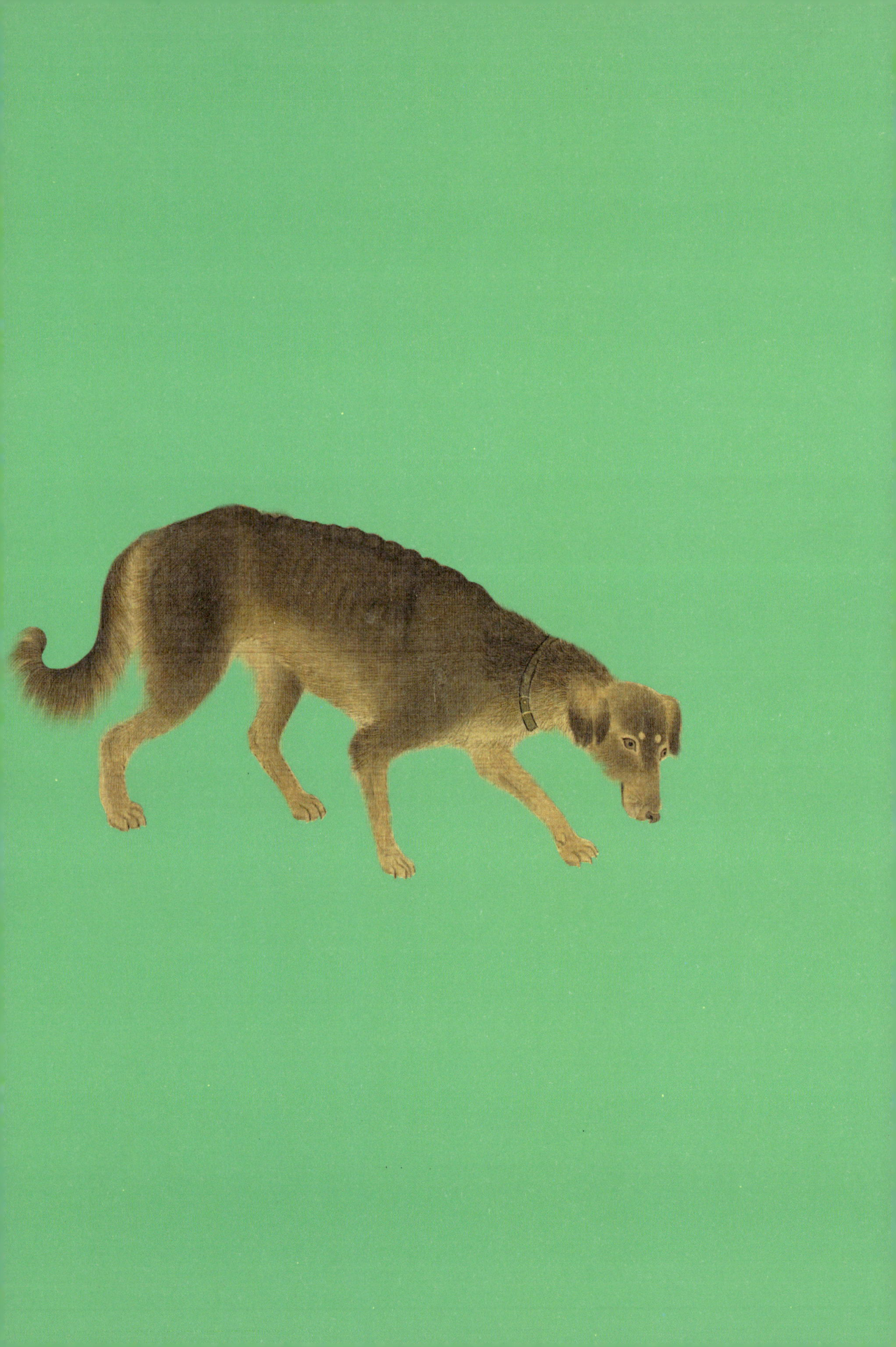

犬守太平岁 狗

得力干将

排在十二生肖第十一位的是狗。狗是"六畜"之一，也是人类最早驯化的动物之一，它们机智、勇敢，陪伴人类走过了漫长的岁月。

很多新石器时代的遗址都出土了狗的骨骼，人们还把日用器物捏成狗的形状，如山东胶州（出土的时候还不叫胶州，而是叫胶县）三里河遗址出土了一个陶鬶，明显能看出是一只狗，湖北天门邓家湾则出土了一些小小的陶狗。如果你来到中国国家博物馆的古代中国展厅，就能看到它们。

狗的嗅觉、听觉都非常灵敏，牙齿锋利，进可攻，退可守，是非常理想的狩猎帮手。遥想当年，人们就是在狗的帮助与陪伴下，围攻猎物，一次次满载而归。

老夫聊发少年狂，左牵黄，右擎苍。锦帽貂裘，千骑卷平冈。为报倾城随太守，亲射虎，看孙郎。

苏轼《江城子·密州出猎》

主人生前架鹰牵犬，前呼后拥，死后也要爱犬相随于地下。河北的战国中山王墓出土了两具殉狗，皮毛腐朽，骨架犹存，脖颈上都戴着金银项圈。这两个历经两千余年而依然美丽的项圈如今就在河北博物院的展柜里，向观众无声地诉说着战国时期贵族们斗鸡走狗的奢侈生活。

不但凡人打猎需要猎犬，神仙打猎也离不开猎犬。《西游记》中的二郎神有一只细犬，曾经咬住猴哥的腿肚子——光看描述都觉得腿肚子要转筋儿了——害得他摔倒在地，最终被擒。后来在碧波潭，九头虫想咬二郎神，才伸出一个头来就被这只细犬咬掉了，只好血淋淋地狼狈逃跑。

这只狠话不多的神犬，我们都习惯称它"哮天犬"，其实这是《封神演义》里杨戬的神犬的名字。杨戬每次祭出哮天犬，至少也得把敌人连皮带肉加盔甲咬下一大块（牙口真好），可谓犬无虚发，无差别攻击。这些倒霉蛋逃回老营，总是疼得冷汗涔涔，赶紧拿出仙丹内服外敷，仙丹等于又是止痛药又是狂犬疫苗了。

《西游记》里的这只神犬没有名字，作者一直呼之为"细犬"。细犬是中国古老的狩猎犬种，身高腿长，经典动画片《大闹天宫》对它的外形进行了很好的还原，从中可见老一辈动画人的深厚功力。

现代社会，狩猎行为已经不多见了，不过犬的才能并没有因此被浪费，如追踪犬、巡逻犬、搜救犬、缉毒犬、搜爆犬……

以搜救犬为例，汶川地震发生之后，搜救犬和训导员们一起奔赴灾区，冒着余震的风险在废墟中奔波，搜救出不少幸存者。它们也因此伤痕累累，有的搜救犬带伤搜救，甚至每走一步都留下小小的血脚印，令人动容。由于狗的寿命远远短于人类，十几年后，当年参与过汶川地震搜救工作的功勋犬都已经不在人世了。它们为我们拼过命，我们能回报的它们的却只有荣誉称号和一些它们爱吃的食物之类，想来不免惭愧，幸而忠心耿耿的它们并不为此和我们斤斤计较。就让我们用怀念当感谢吧。

游狗图　　毛益（传）　南宋

纺车图

北宋　王居正（传）

狗拿耗子

汉画像石上经常出现狗的形象，有的是跟着主人围猎，有的是看家护院，有的则出现在庖厨图中，是食物的一种。《孟子》中说：

> 鸡豚狗彘之畜，无失其时，七十者可以食肉矣。

可见当时的狗和鸡、猪一样，都是人们的肉食来源。既然是食物，自然有相应的屠夫，刘邦手下的大将樊哙在起事之前就以屠狗为业。

既然要看家护院，狗就不免和耗子有交集。前面鼠的部分提到，山东博物馆藏有一块汉画像石，老鼠站在粮囤上，两只狗在粮囤下狂吠，恨不能飞身而上，把这讨厌的耗子抓下来。这颇有戏剧张力的一幕被定格在石头上，穿越两千多年的时空，来到我们面前。相比之下，另一只来自四川的狗要成功得多——它已经把老鼠咬在了嘴里，看谁还敢说它是多管闲事！

《吕氏春秋》记载了一个良狗捕鼠的故事：

> 齐有善相狗者，其邻假以买取鼠之狗，期年乃得之，曰：『是

既然是良狗，一开始为什么不肯捕鼠？原来人家志在獐、麋、猪、鹿这些动物，看不上小小的老鼠。主人安知良狗之志哉？要想让它放低身段，就得把它的后腿捆起来。总觉得这种做法有点摧残人才（或者叫"狗才"更合适？）的意思。

良狗也。"其邻畜之数年，而不取鼠。以告相者，相者曰："此良狗也，其志在獐麋豕鹿，不在鼠；欲其取鼠也，则桎之。"其邻桎其后足，狗乃取鼠。

忠诚伙伴

狗聪明又忠诚，特别适合看家守业，所谓"儿不嫌母丑，狗不嫌家贫"。

主人归来，看门狗总是表示热烈欢迎：

旧犬喜我归，
低徊入衣裾。

杜甫《草堂》

寒花催酒熟，
山犬喜人归。

钱起《送元评事归山居》

犬喜人归迎野路，
鹊营巢稳占低枝。

陆游《舍北行饭》

秋葵犬蝶图　南宋　佚名

无论多冷多晚，看门狗都会尽忠职守。

邻国相望，鸡犬之声相闻，民至老死不相往来。

——老子《道德经》

日暮苍山远，天寒白屋贫。柴门闻犬吠，风雪夜归人。

——刘长卿《逢雪宿芙蓉山主人》

狗吠深巷中，鸡鸣桑树颠。

——陶渊明《归园田居》

荒径已风急，独行唯犬随。

——梅尧臣《田人夜归》

土地平旷，屋舍俨然，有良田、美池、桑竹之属。阡陌交通，鸡犬相闻。

——陶渊明《桃花源记》

《三字经》说：

犬守夜，鸡司晨。

在文学作品中，鸡和狗常常同时出现，呈现出一派岁月静好的田园风光。

就连主人得道，也是鸡和狗最先吃到红利，所谓"一人得道，鸡犬升天"。

淮南王刘安坐反而死，天下并闻，当时并见，儒书尚有言其得道仙去，鸡犬升天者。

王充《论衡》

不过，凡事有利就有弊，一旦平静的生活被打破，鸡和狗也是最早的受害者，从成语就能看出来：鸡犬不宁、鸡飞狗跳、偷鸡摸狗……它们还会一起被贬低：鸡鸣狗盗。甘蔗没有两头甜。

河南洛阳王城广场出土过一座东周墓，其中编号ZK5的车马坑葬车26辆，殉马70具，还有7具殉狗。在一辆车前对称摆放着6匹殉马，这就是史书记载的"天子驾六"。

这7只殉葬的小狗，6只在车舆底下，姿态各异。专家推测，它们是被绑在车上活埋的。当填土的时候，小狗们惊恐万状，纷纷往车舆下钻，最终被塌了的车子活活压死，真的好惨。

还有一只小狗没有和小伙伴们在一起，而是在车子半腰处。它可能已经挣脱了束缚，就要逃出殉葬坑了，不幸被人发现，直接给了它一鹅卵石，正中脑袋。——准头真好，这人没准儿是个神箭手。——厚厚的黄土随即将它和它的小伙伴们无情掩埋。直到它的骨架重见天日，那块很大的鹅卵石还压在它的头上，真是惨上加惨，比它的小伙伴们还要惨。

狗图 清 沈振麟

簪花仕女图（局部）

唐 周昉

獒犬凶猛

除了忠诚可爱,犬类也有凶猛的一面,尤以獒犬为甚。

前面提到的《封神演义》,大背景就是武王伐纣。真实的周灭商当然不是靠神仙斗法、天命所归,而是经过了残酷的战争。

周武王灭商建周后,四夷宾服,有一个叫旅的小国送来一条獒犬。《尔雅》说"狗四尺为獒",看来体型不小。

周武王很喜欢这条狗,经常和它一起玩儿。

太保召公奭见此情景,就写了一篇《旅獒》,对周武王进行劝诫。里面提到"玩人丧德,玩物丧志"——如果把人当作玩物加以戏弄,就会失掉德行;如果把珍奇之物当作宝贝,每天玩赏,就会丧失志气。言下之意,如果周武王继续和这条狗难舍难分,那就很危险了。成语"玩物丧志"就出自这里,真是相当古老了。

周武王看了《旅獒》,知道召公奭的话是对的。殷鉴未远,商纣王荒淫无度,最终导致商朝灭亡。如果周武王也有样学样,周就会步商的后尘。

于是,周武王将獒犬和各国进贡的宝物都赏给有功之臣和各国诸侯——如果真的玩物丧志,那就让它们去祸害别人吧!开个玩笑。

喜欢养獒犬的不光有周武王,还有晋灵公。这位仁兄靠着常人难以理解的残暴为自己杀出了不小的知名度。他横征暴敛,生活奢侈,只是昏君的基本操作，不算罕见。他在高台上用弹弓射行人，观看他们躲避弹丸的样子，虽然荒唐，倒也不算太血腥。但是接下来的行为就非常惊悚了：

厨师炖的熊掌不够烂，他就把厨师杀了，尸体放在筐里，让宫女们用车载着，大摇大摆地经过朝廷。

万万没想到，厨师居然是这样一个高危职业！而且，说实话，得罪厨师实在是不大明智，且不说他们会不会豁出去给食物下毒，就是往菜里吐点口水、撒点泥巴也够食客受的……只能说晋灵公确实疯得厉害。

大臣赵盾和士季看见筐子里露出了人手，得知了事情的经过，深以为忧。赵盾多次劝谏，晋灵公非但不听，还烦得要命，这个赵盾怎么废话这么多！

既然不能解决问题，那就解决提出问题的人吧！

晋灵公派鉏麑去刺杀赵盾，结果鉏麑见赵盾恭谨守礼，不忍伤害他，就撞树自杀了。

行刺失败，晋灵公毫不气馁。遇到困难不气馁在大部分情况下都是个好品质，不过也得看是什么事儿……

到了秋天，晋灵公请赵盾喝酒，事先埋伏下了武士和獒犬。结果，赵盾的车夫提弥明和獒犬搏斗，赵盾成功脱身，晋灵公则在不久后被赵穿刺杀。

《左传》毫不客气地评价说："晋灵公不君。"没有春秋笔法，没有正话反说。赵盾则说："弃人用犬，虽猛何为！"——再凶猛的犬终究只是犬，治理好国家最终靠的是人。

一直到今天，还经常能看到大型犬扑咬路人的社会新闻。可怜的路人遭此横祸，如果打几针狂犬疫苗就能翻篇，已经算是上上大吉，致残致死的也屡见不鲜。犬再聪明再可爱也是动物，是动物就有野性，何况犬的祖先是狼。要杜绝这样的事件，离不开城市治理的智慧，也离不开狗主人的良心。

摹阎立本锁谏图（局部）

明　佚名

184

十骏犬金翅猃（局部）

清

郎世宁

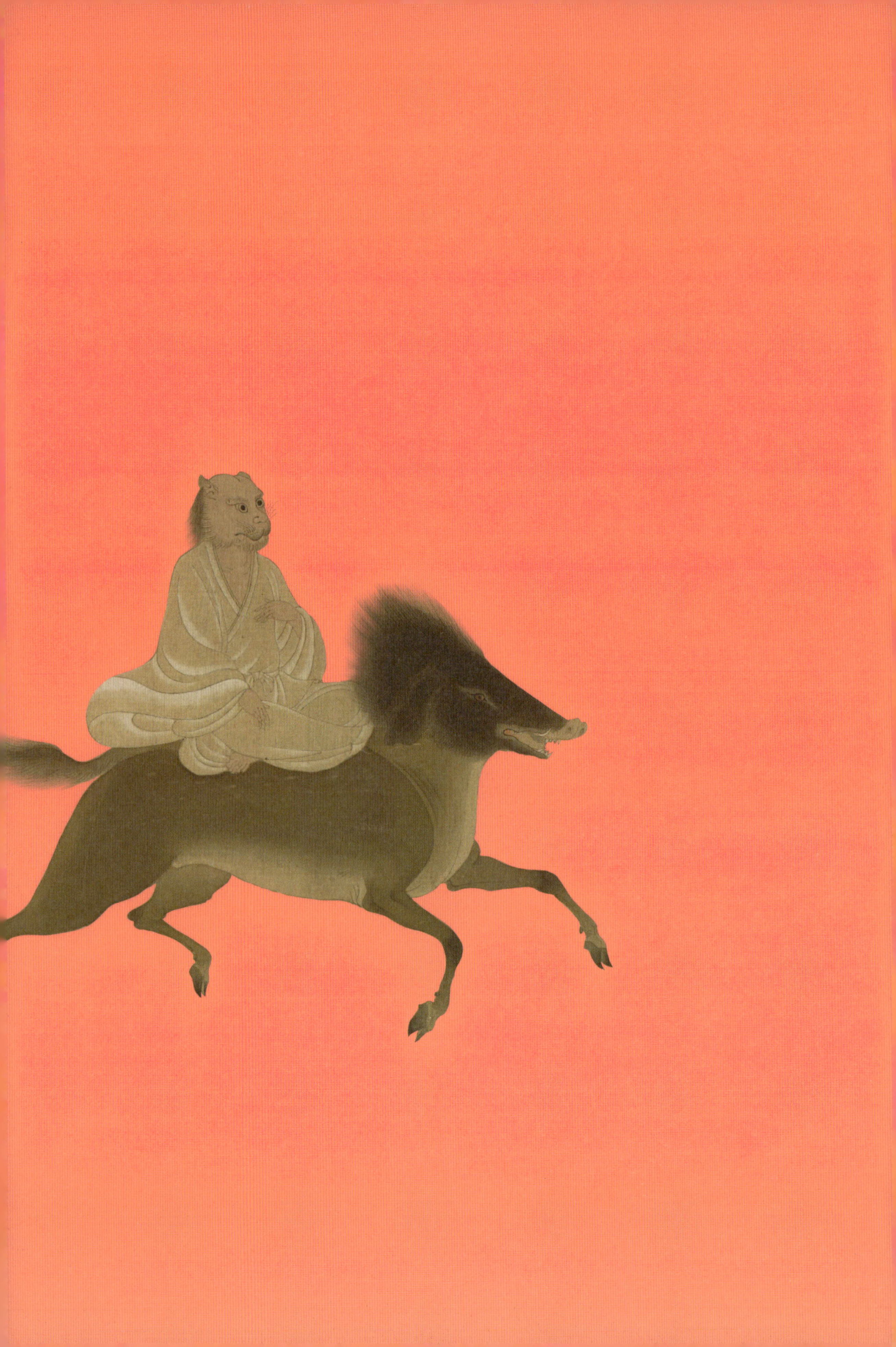

六　畜　猪　为　先

猪

有豕为家

在十二生肖中，猪是最后一个。《三字经》说：

> 马牛羊，鸡犬豕。
> 此六畜，人所饲。

十二生肖中，六畜占据了半壁江山；而六畜中，猪是排在第一位的，所谓"六畜猪为先"。

猪的重要性从汉字"家"中也可窥一斑。"家"字由"宀"和"豕"组成，前者代表房子，后者则代表猪。有一个遮风挡雨的房子容身，再养上一头猪，这就是一个温暖的"家"了。

猪也是较早被人类驯化的动物。它们的祖先是野猪，獠牙外露，行动敏捷，性情凶猛。一直到现在，还偶尔能看到某地野猪泛滥成灾，人们上山围捕反被野猪咬死猎狗的新闻，可见野猪的战斗力着实不可小觑。

《西游记》中的猪八戒，长相就偏向野猪，獠牙长嘴，所以经常把路人吓得四散奔逃，完全不是我们熟悉的电视剧中憨态可掬的家猪模样。

话说回来，已经是猪头人身了，顶着的猪头是憨厚可爱也好，是青面獠牙也罢，落在路人眼里效果都一样：

有妖怪呀救命！

浙江余姚的河姆渡遗址出土了一个猪纹黑陶钵，两侧的长边各刻了一头猪。猪的鼻子比现在的家猪要长，躯干比家猪要瘦，四肢细高，竖耳短尾，外形更接近野猪。看来，河姆渡人已经对猪非常熟悉了，有足够的时间来仔细地观察它，然后把它惟妙惟肖地刻在陶钵上。除此以外，河姆渡遗址还出土了陶猪和大量的猪的骨骼，可见猪在当时已是主要的家养动物。

猪图（局部） 清 王素

清明上河图（局部）

北宋 张择端

浑身是宝

提到猪，人们常从自身利益出发，夸它"浑身都是宝"，事实上也确实如此。

猪的肉可食用，皮可制革，鬃毛可制刷子，连粪便都是农家有机肥。

考古出土的明器中经常能看到陶猪圈，上面是厕所，下面是猪圈，猪圈里往往还趴着一两头猪。更有甚者，厕所里还蹲着一个人……这也太写实了……中国考古博物馆就展出了一个这样的东汉陶猪圈，出土于河南洛阳，感兴趣的读者可以前往一观。

这种厕所+猪圈的组合方便清理粪肥，一直到现在，在一些地方的农村还保留着。当然，随着人们生活水平的提高，对环境卫生的要求也水涨船高，这种让人细思有点反胃的搭配越来越少，或许有一天会彻底消失。——虽然彻底消失也不算是一件坏事。

猪肉十分美味，是人们重要的肉食来源：

净洗铛，少著水，柴头罨烟焰不起。
待他自熟莫催他，火候足时他自美。
黄州好猪肉，价贱如泥土。

莫笑农家腊酒浑，
丰年留客足鸡豚。

陆游《游山西村》

贵者不肯吃，
贫者不解煮，
早辰起来打两碗，
饱得自家君莫管。

苏轼《猪肉颂》

会煮会吃又会夸，东坡真不愧是一等一的老饕，难怪名菜"东坡肉"要以他的号命名。

除了日常改善伙食，犒劳为国建功的游子、腊月祭灶、招待客人，都少不了猪肉的身影：

猪头烂热双鱼鲜，
豆沙甘松粉饵团。

范成大《祭灶词》

小弟闻姊来，
磨刀霍霍向猪羊。

《木兰辞》

秋猎图（局部）

明 仇英

莫高窟 249 窟主室北披（局部） | 南北朝 | 佚名

呆子高光

在人们的印象中，猪又懒又馋，吃了睡，睡了吃，除了抢食和在猪圈里哼哼唧唧打滚儿，几乎一动不动。《西游记》中的猪八戒也充分体现了猪的缺点，身躯笨重，食量惊人，好吃懒做，每逢取经团队遭遇挫折（有时候甚至都不能称为"挫折"），他就火速祭出散伙、分行李、回高老庄三件套，连唐僧的后事都安排得明明白白（卖了白龙马给唐僧买口棺材），令人啼笑皆非，非得被唐僧痛骂甚至被猴哥痛打一顿才能收敛——下次还会再犯，当然。

不过，八戒也并非全无优点，平日里巡山偷懒睡觉其实无伤大雅，谁还没有个偷懒摸鱼的时候呢？关键时刻能顶上去就值得表扬。

首先要为八戒澄清的是，由于央视《西游记》这部经典中的战斗机轰炸荧屏三十余年始终不衰，尤其是那句观众耳熟能详张口就能唱的"你挑着担，我牵着马"，配着猴哥当前引路、八戒甩着袖子、唐僧策马前行、沙僧挑担跟随的画面，让很多人认为八戒主要负责牵马。其实，取经路上，担子绝大部分时间都是八戒在挑。

原著中，八戒认识一个乌巢禅师。乌巢禅师预言取经前景，说：

> 野猪挑担子，
> 水怪前头遇。
> 多年老石猴，
> 那里怀嗔怒。

气得猴哥拿金箍棒捣他的老巢，理由是"他骂了我兄弟两个一场去了"。从读者角度看，"野猪挑担子"是说八戒，"多年老石猴"是指猴哥，至于"水怪前头遇"，显然是预言流沙河的沙僧啦！这算骂他们吗？虽然确实不是夸……

"野猪挑担子"，乌巢禅师明确指出，担子就是八戒挑的。

这担行李可沉了！八戒形容它：

四片黄藤篾，长短八条绳。
又要防阴雨，毡包三四层。
匾担还愁滑，两头钉上钉。
铜镶铁打九环杖，篾丝藤缠大斗篷。

好家伙！听着都肩膀疼。我们心目中好吃懒做的八戒，挑着这沉重的担子，跋山涉水，走了整整一十四年、十万八千里，真是没有功劳也有苦劳。最后论功行赏，如来佛祖明确指出八戒"挑担有功"，封净坛使者。

说完八戒被人忽视的苦劳，再说说八戒的高光时刻。三打白骨精之后，猴哥被赶回花果山。取经团队来到宝象国，唐僧被黄袍怪变成了老虎，沙僧被黄袍怪抓进洞府，小白龙则被黄袍怪打伤，取经团队面临着成立以来最大的危机。正是一向畏难懒惰的八戒，在小白龙的劝说下，去花果山请猴哥，真是"受任于败军之际，奉命于危难之间"：

真个呆子收拾了钉钯，整束了直裰，跳将起去，踏着云，径往东来。这一回，也是唐僧有命。那呆子正遇顺风，撑起两个耳朵，好便似风篷一般，早过了东洋大海，按落云头。不觉的太阳星上，他却入山寻路。

顺着风撑起耳朵，腾云驾雾，这真是八戒的高光时刻。不用说，最终猴哥救出了唐僧，挽狂澜于既倒，扶大厦之将倾，化解了这场真正的散伙危机。

行文至此，十二生肖就全部介绍完了。十二生肖是悠久的民俗文化符号，限于水平，本书还远远不能将其说好。希望这本小书的内容和设计不会让各位看官太失望。

年画中的十二生肖

新繪十二屬

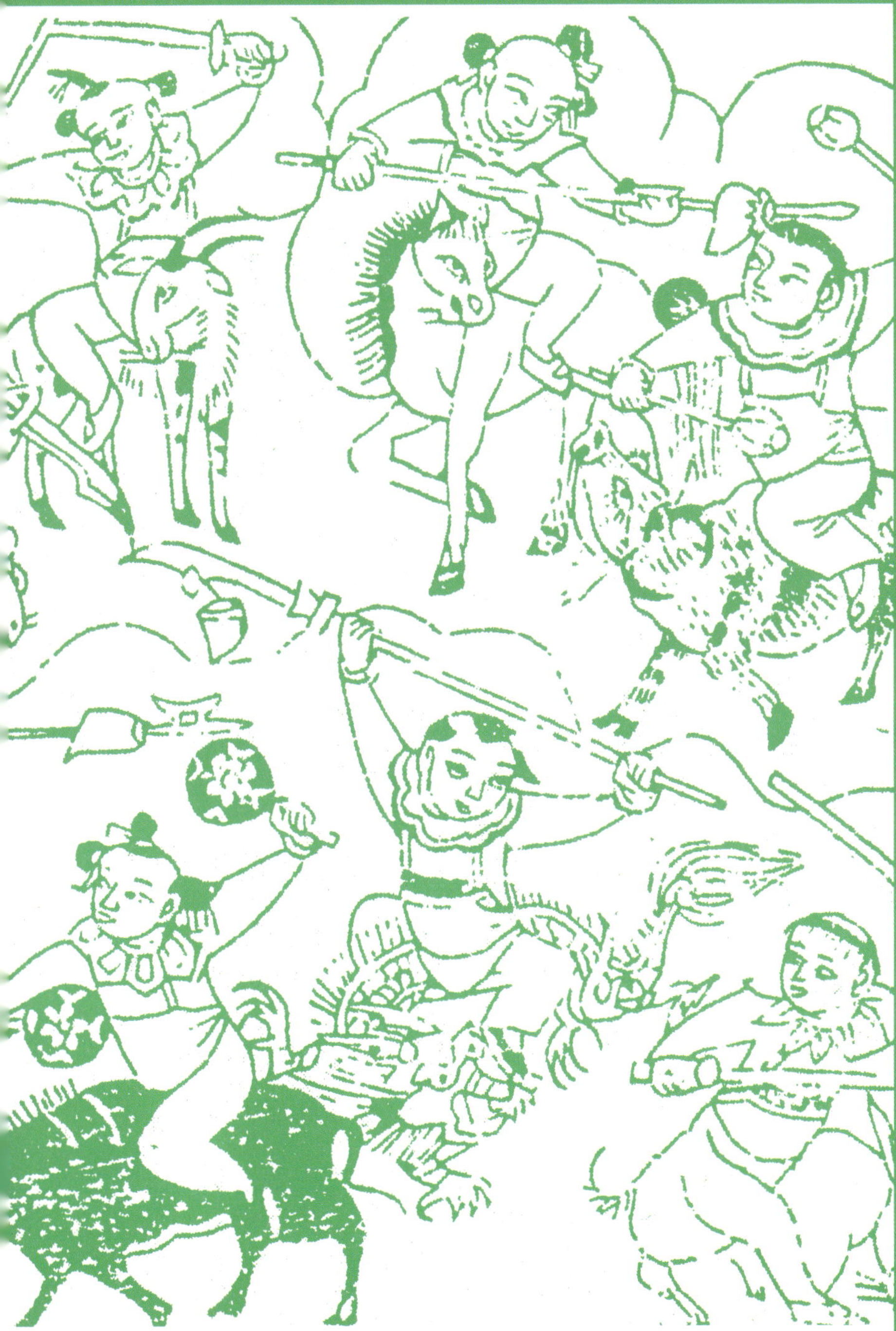

老鼠取親全本 高腊梅

乐司

打彩

轿夫

楚南滩镇新
送礼
打燈
鬼
照金

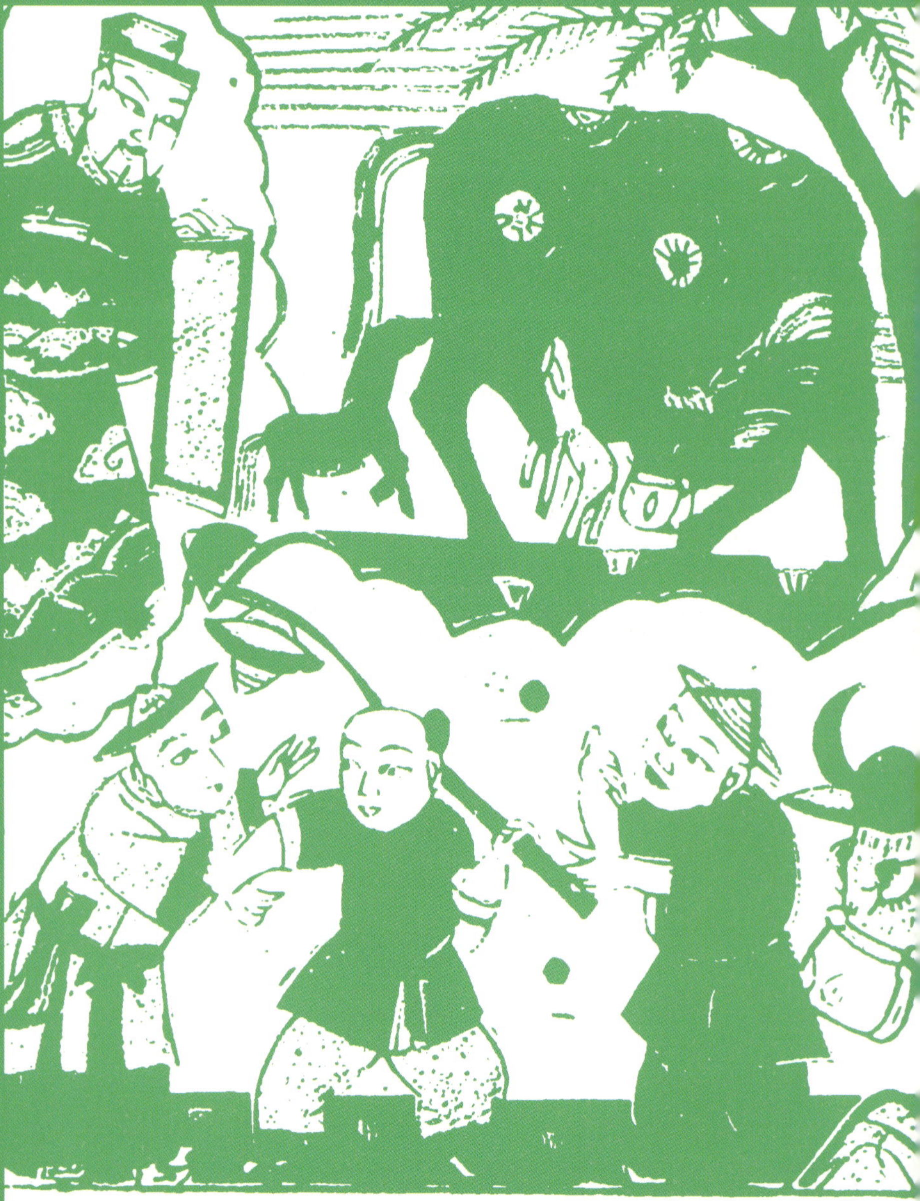

春牛

冬去春來
暖氣久久
萬象更新
百事和
士農工商
百吉度
五谷豐登
太平歌

萬象更新

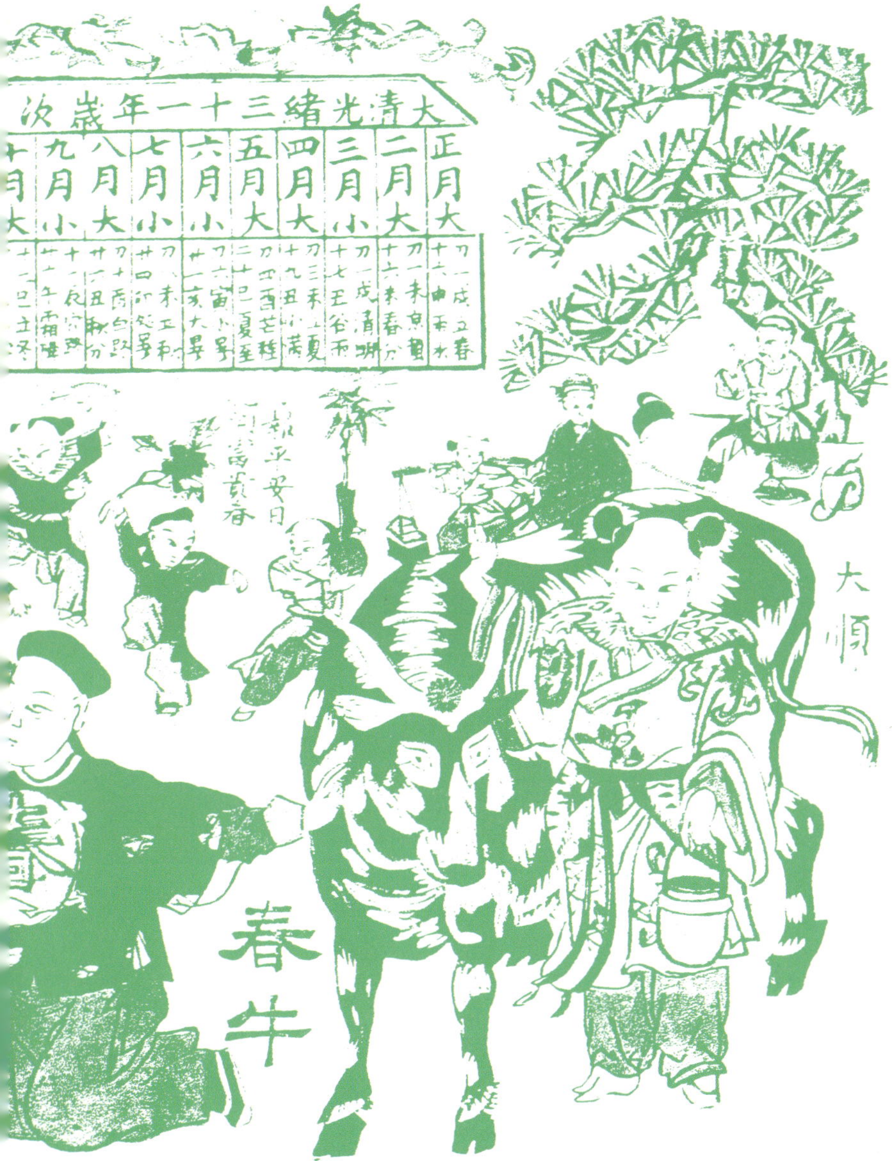
大清光緒三十一年歲次
正月大
二月大
三月小
四月大
五月大
六月小
七月小
八月大
九月小
大順
春牛

咸高陞

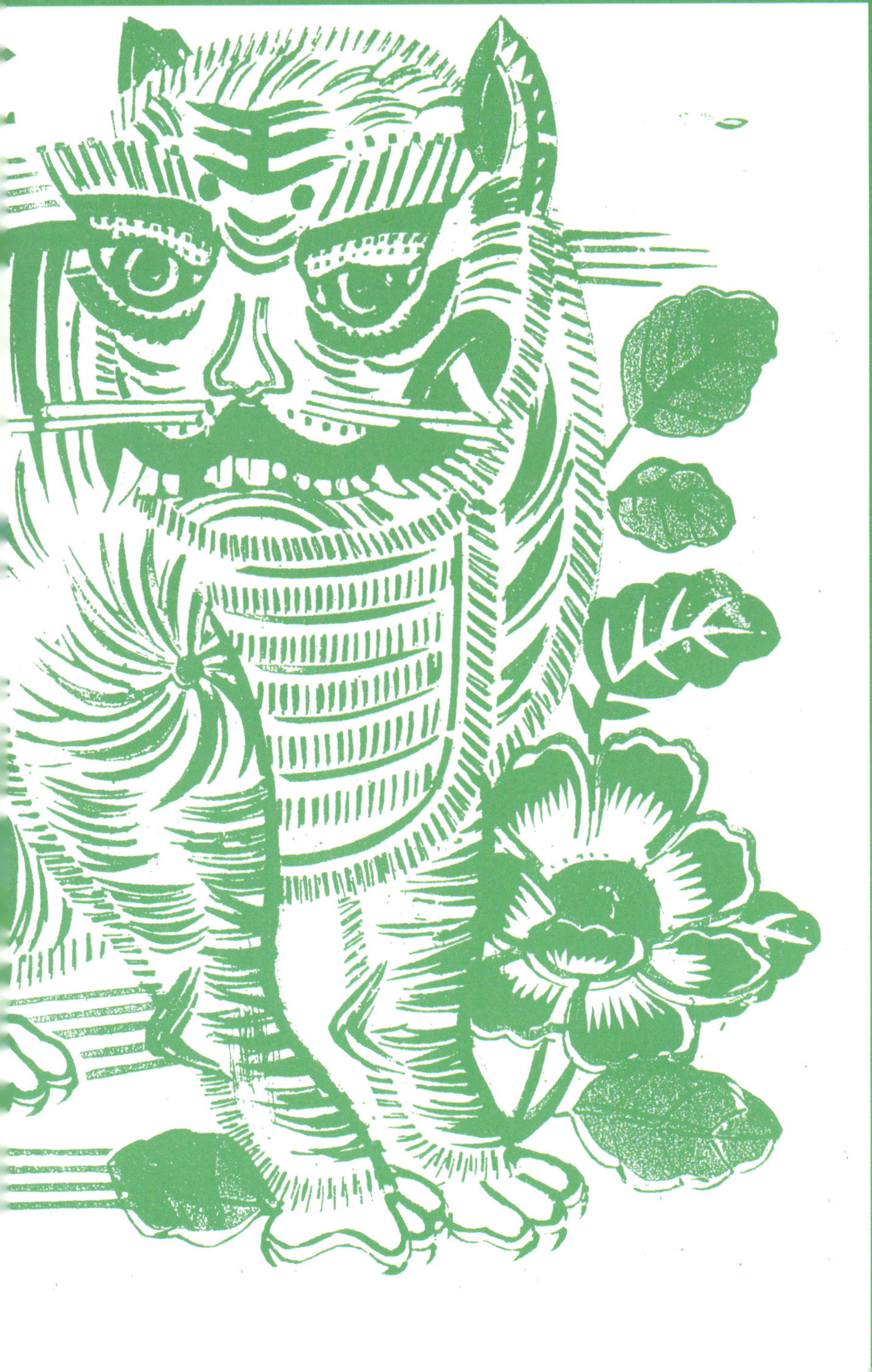

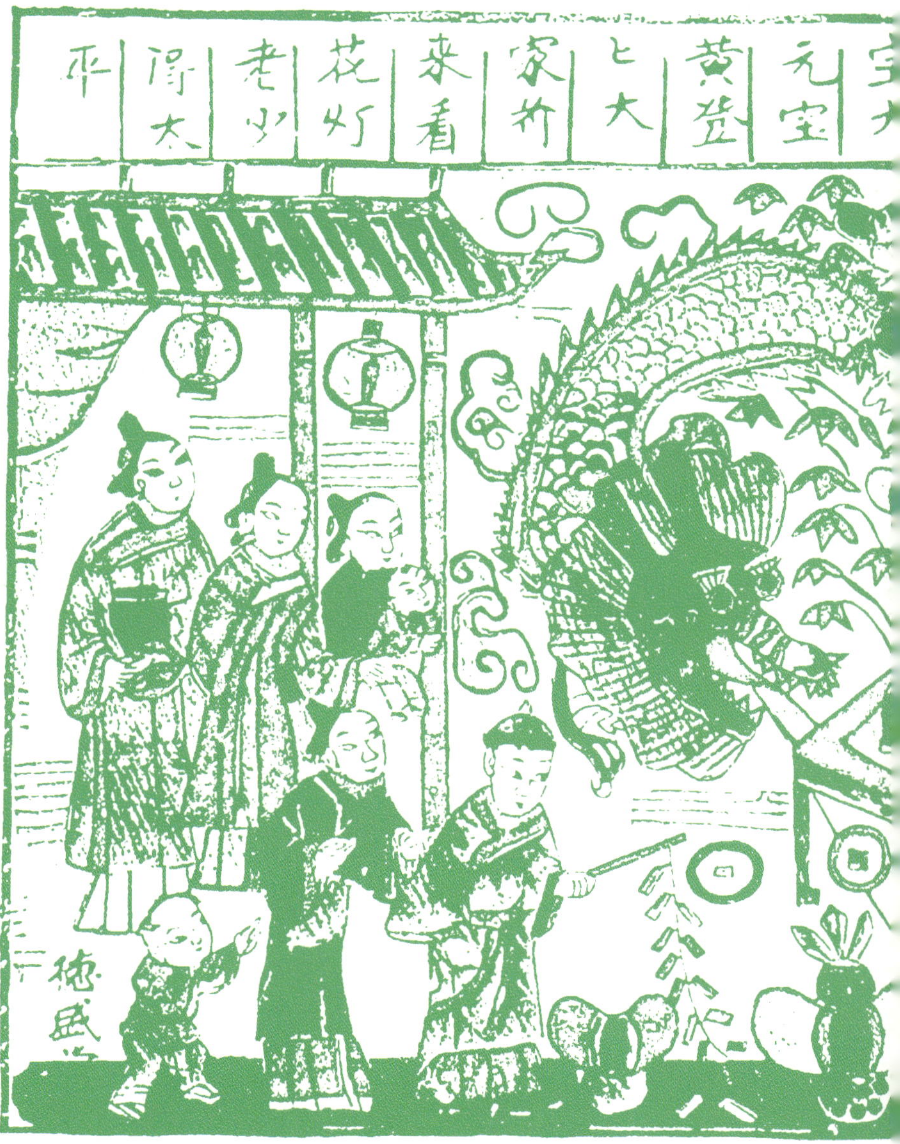

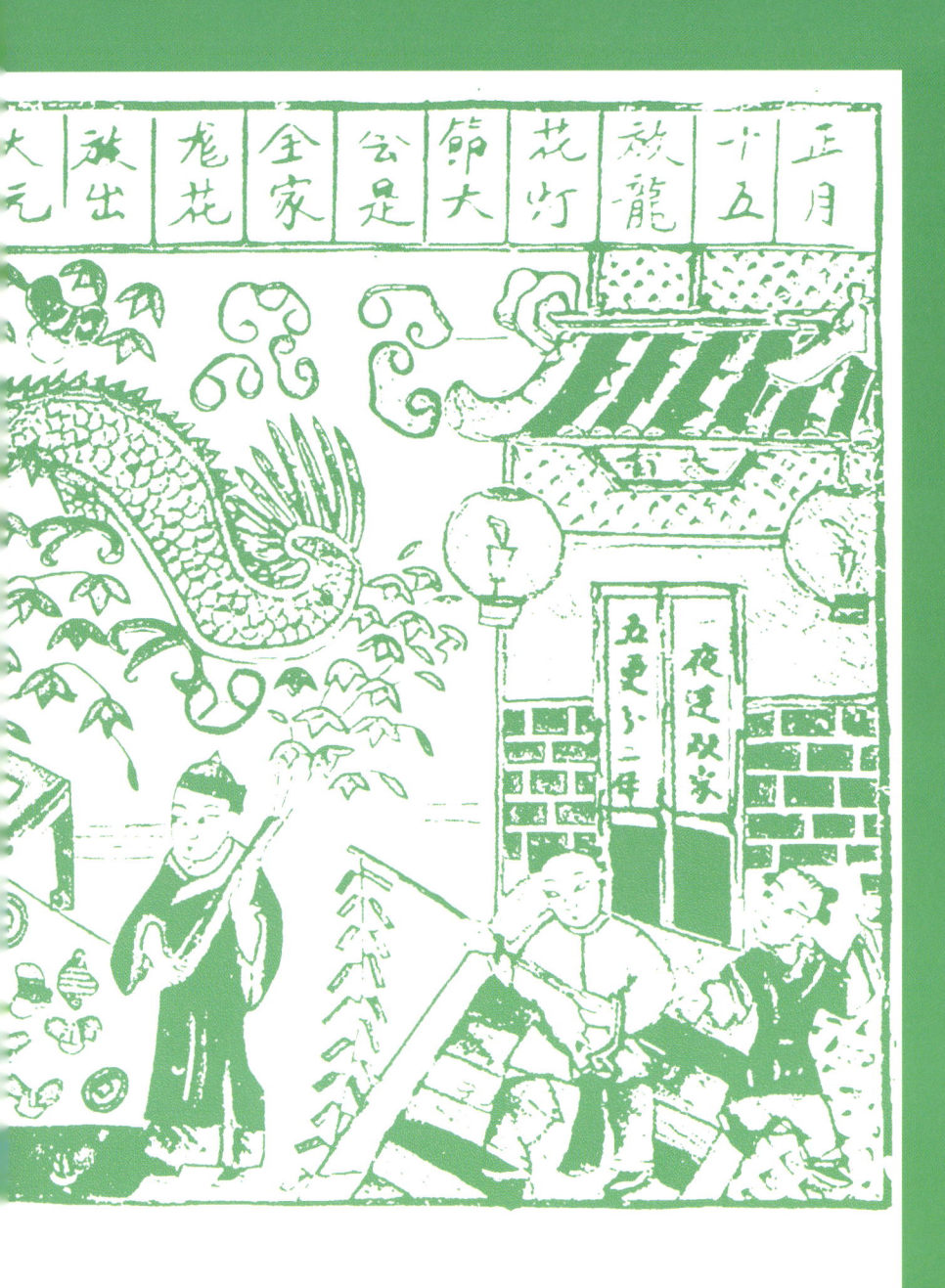

正月十五敖龍花灯節大公是全家龙花放出大元

縣夫何正年宮起昼人皆宮
　人正月燈座中比賓一
　　　　　　　品

要親原是一狀元
花轎五彩
五色七鮮
吹手吹的五音
賀元狀

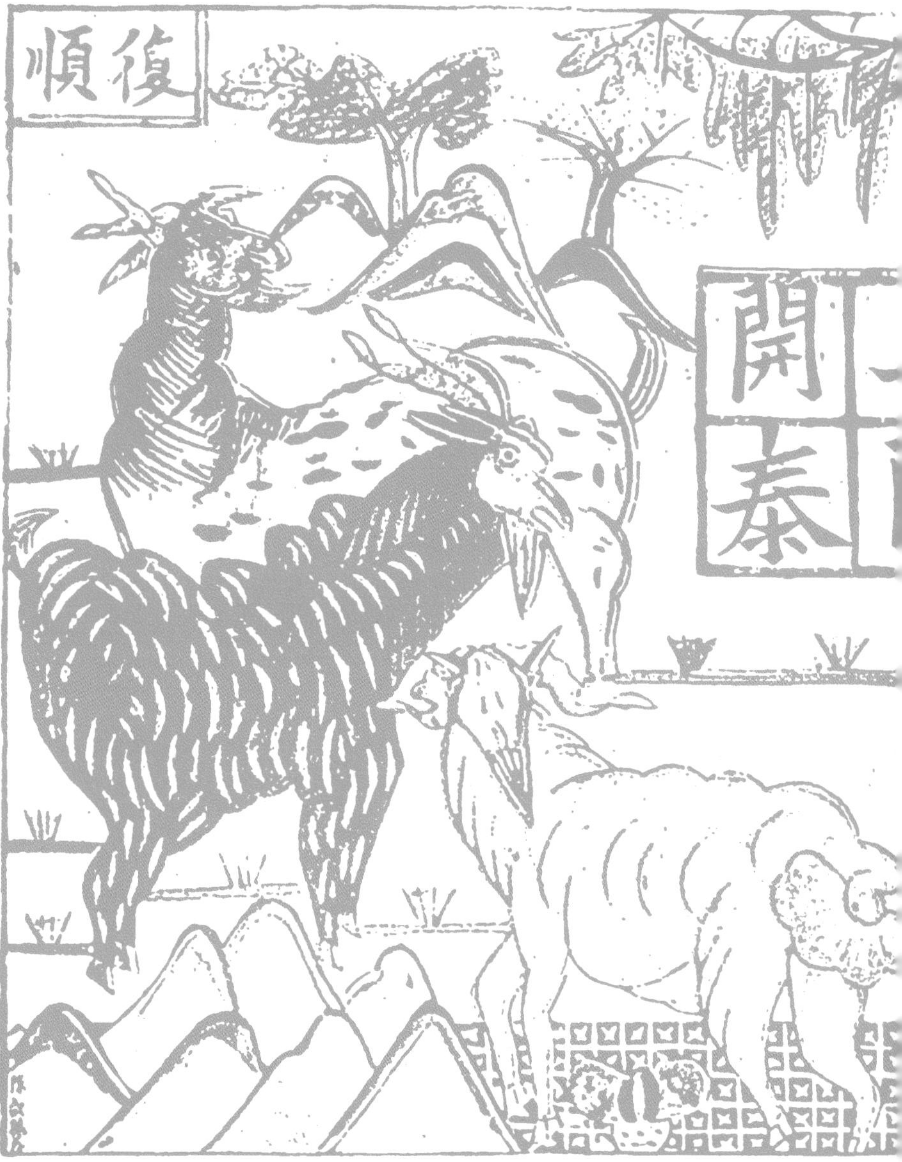
開泰

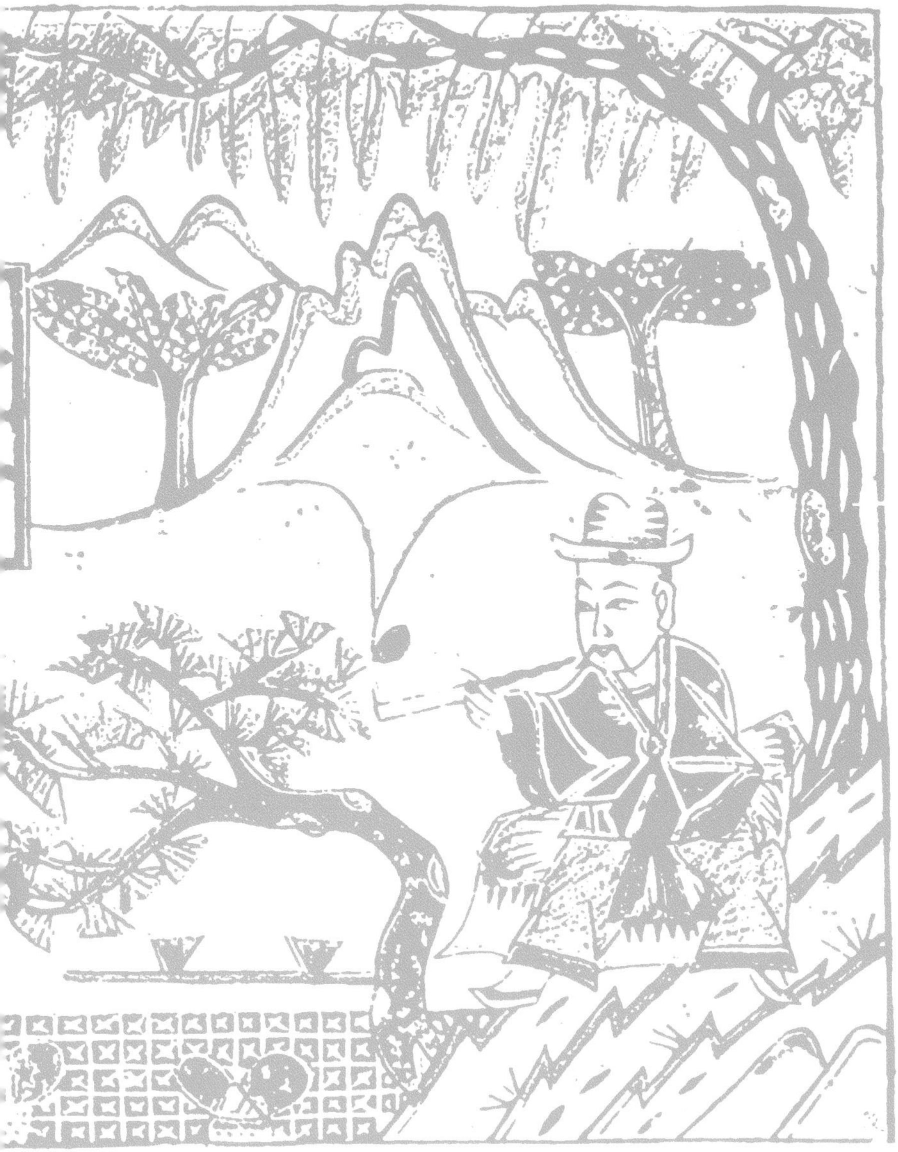

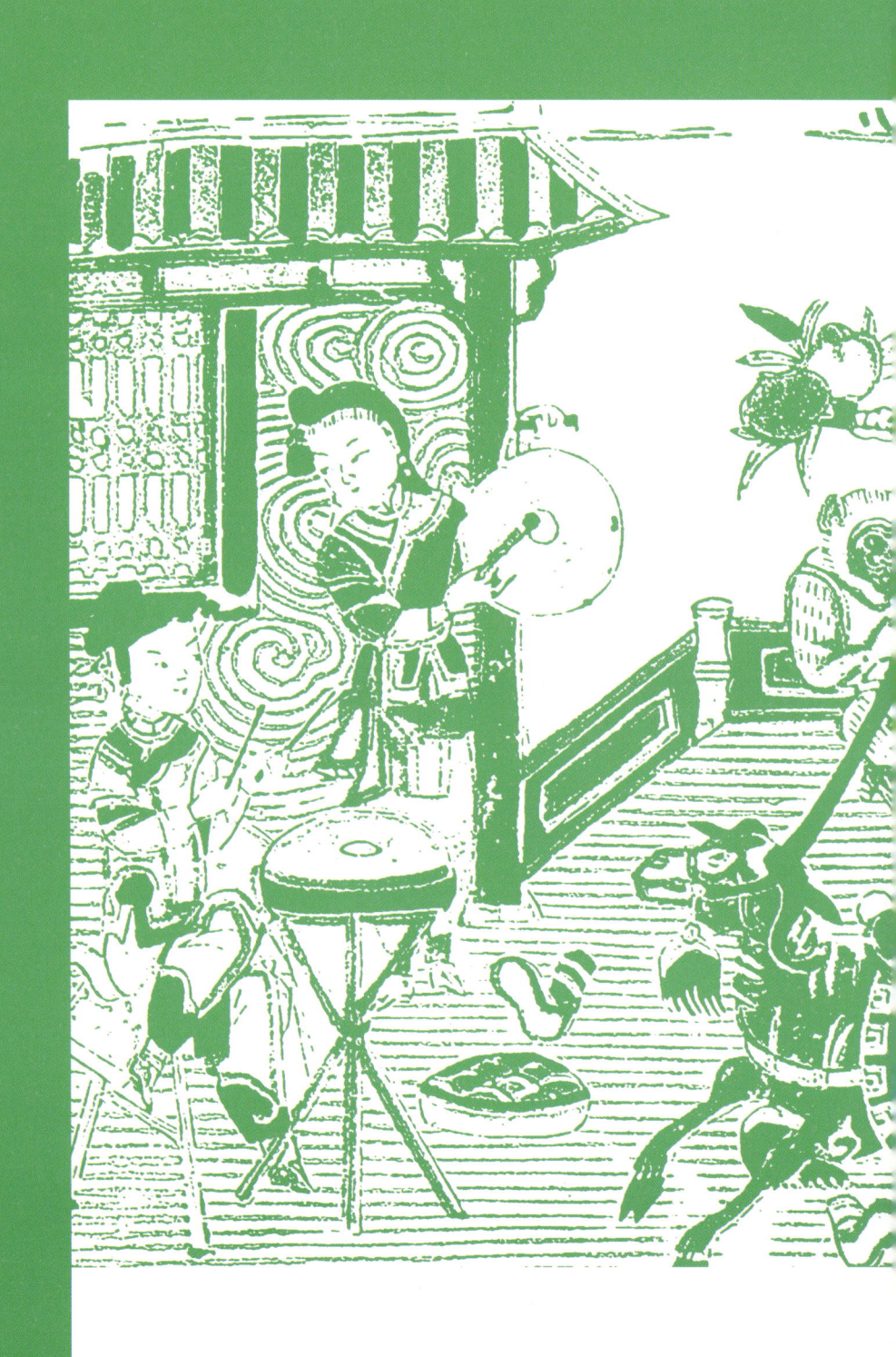

猴子騎羊

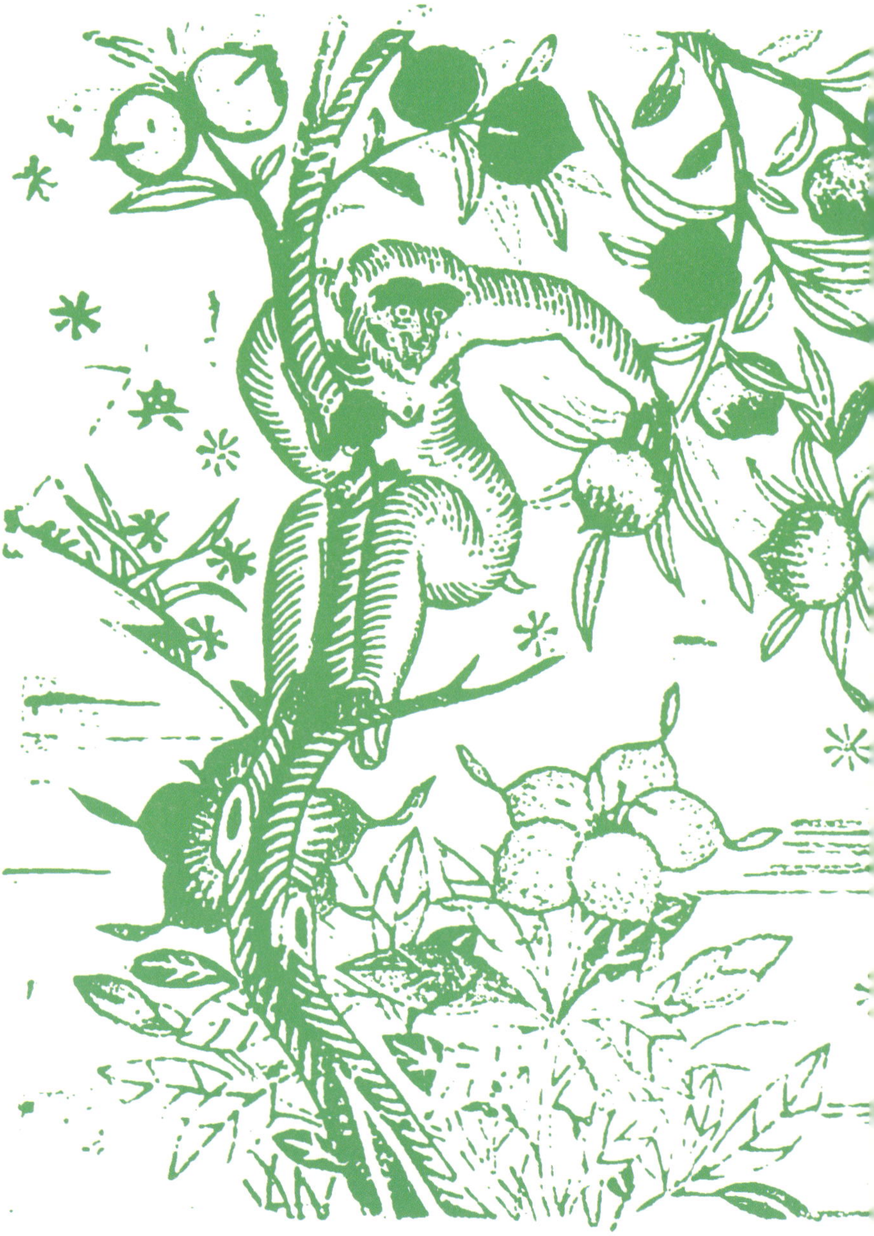

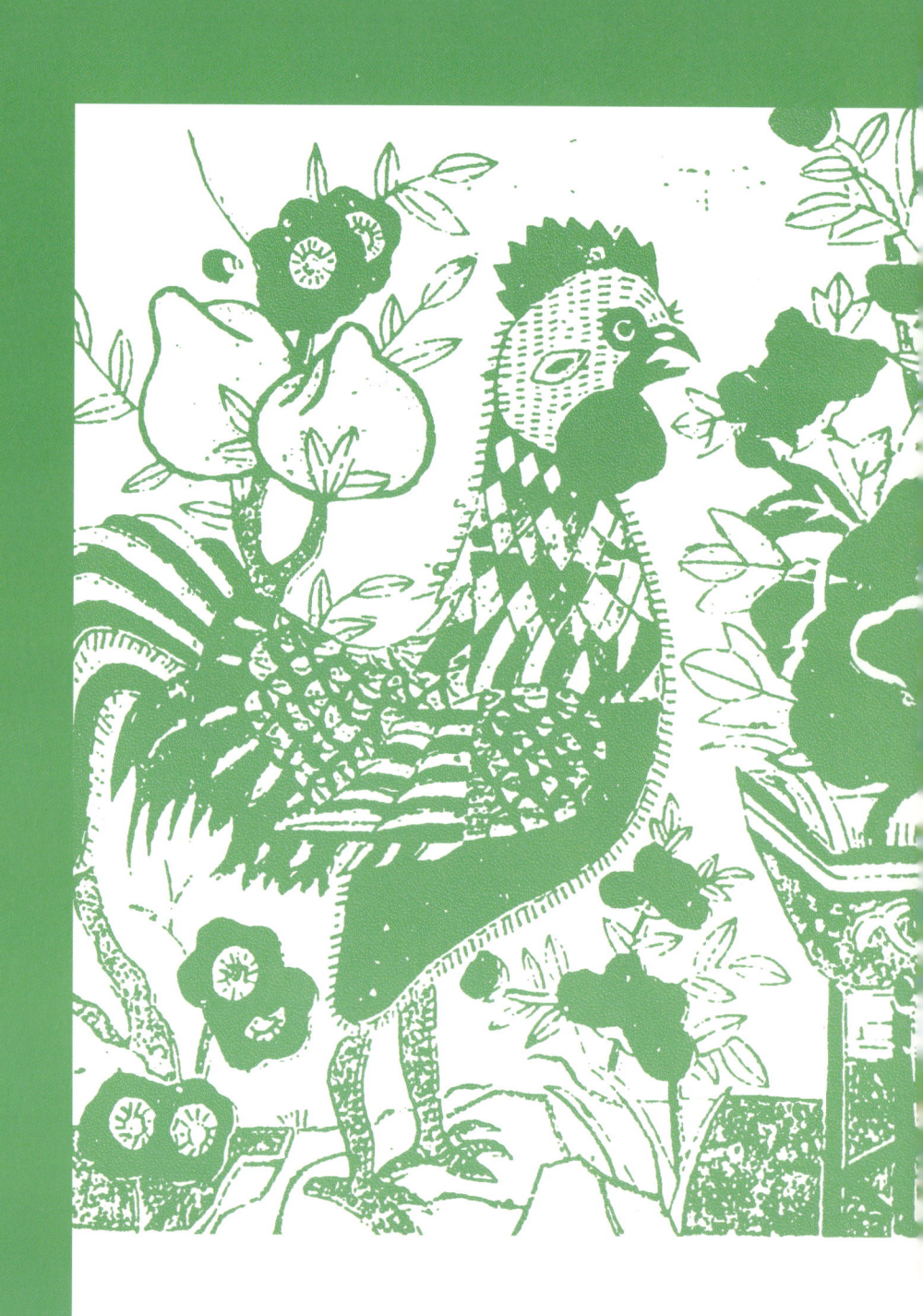

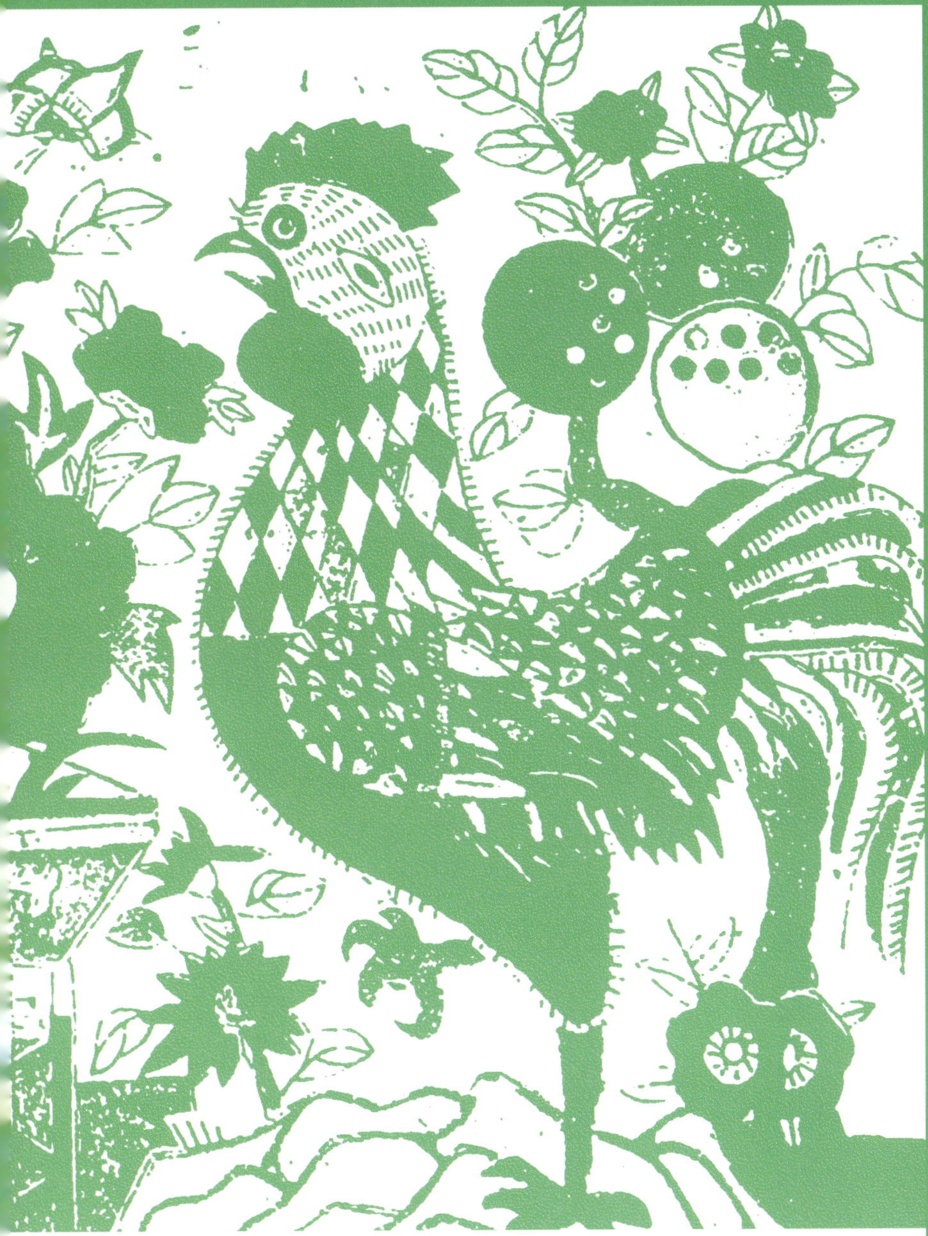

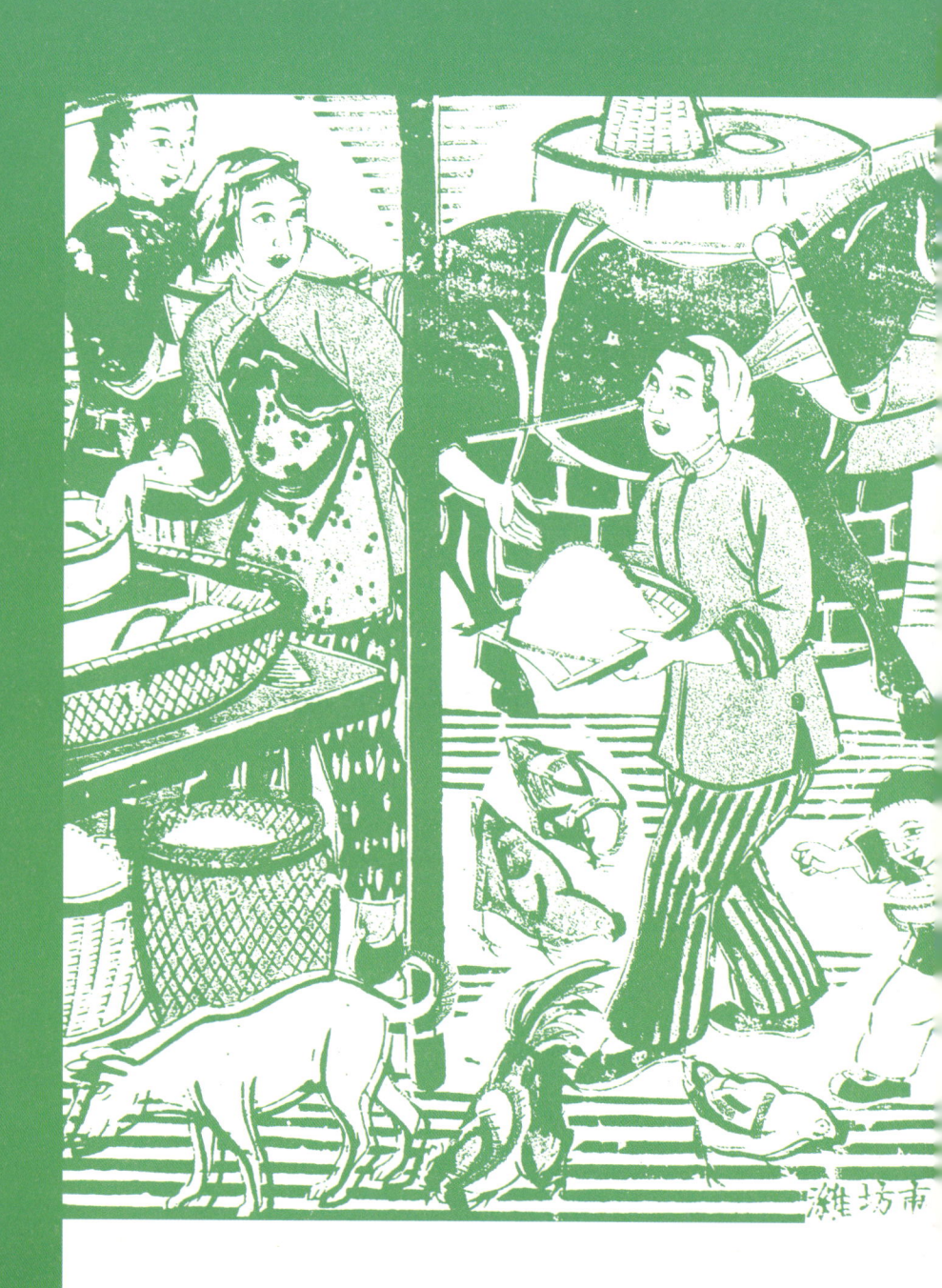
濰坊市

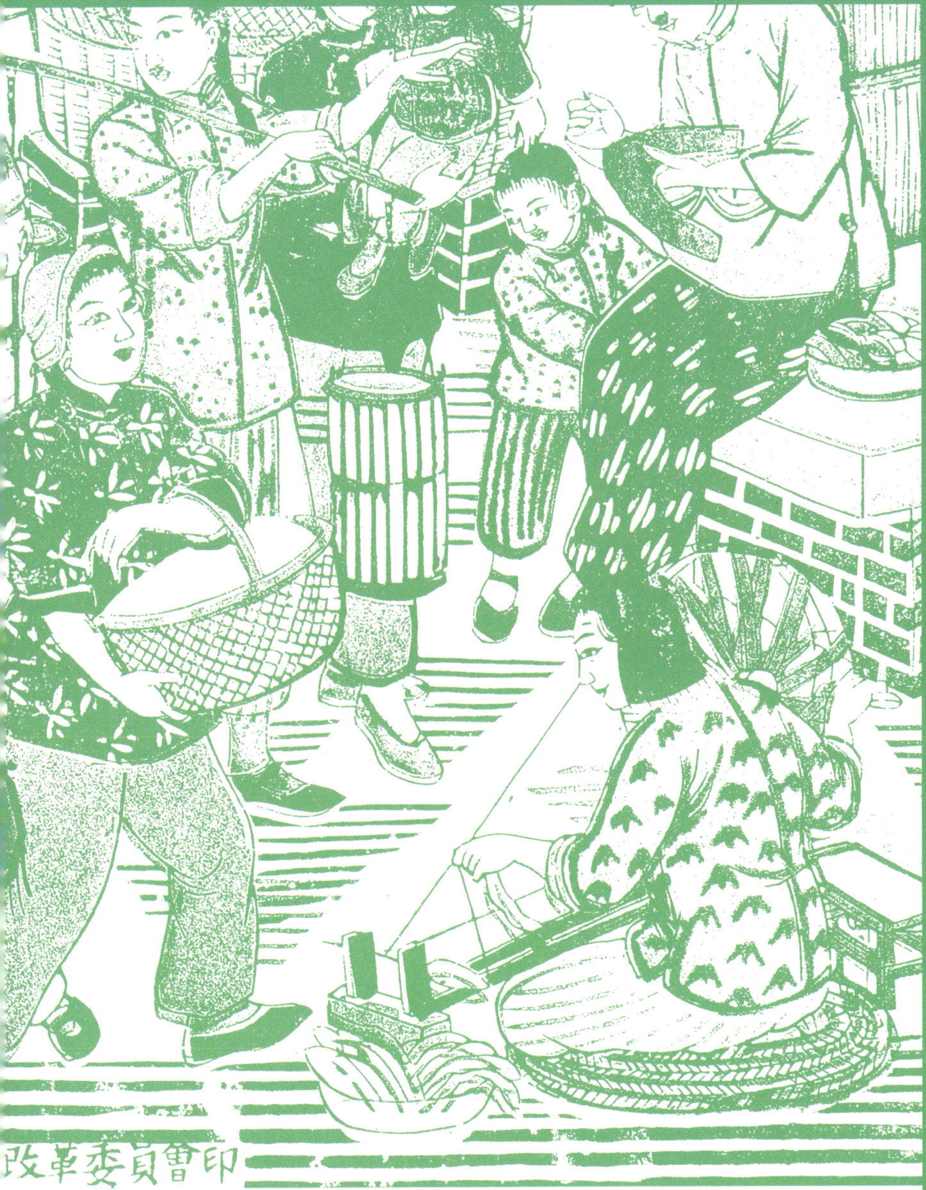
改革委員會印

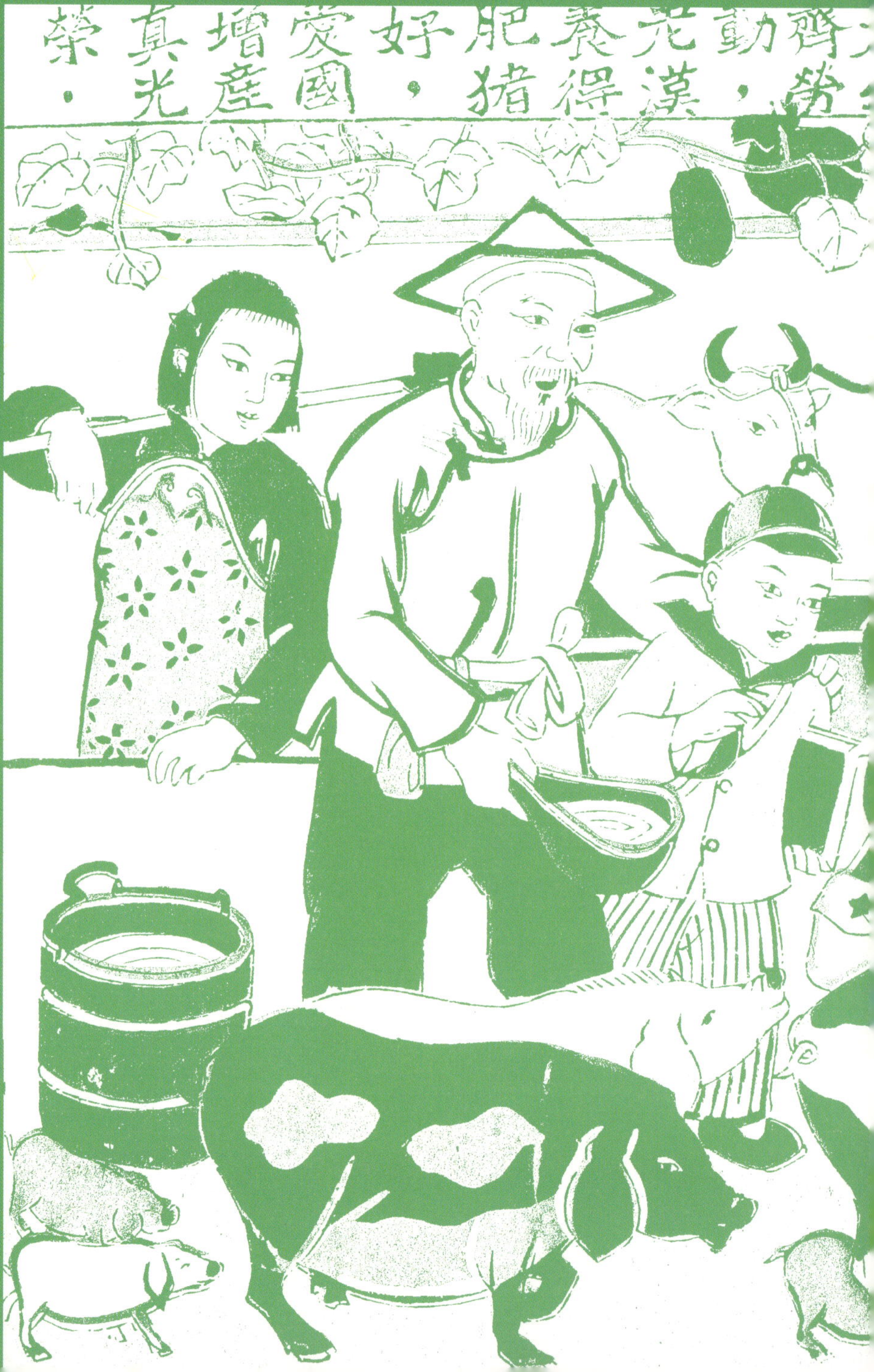

合作社養豬　農業合作，有分工，男女

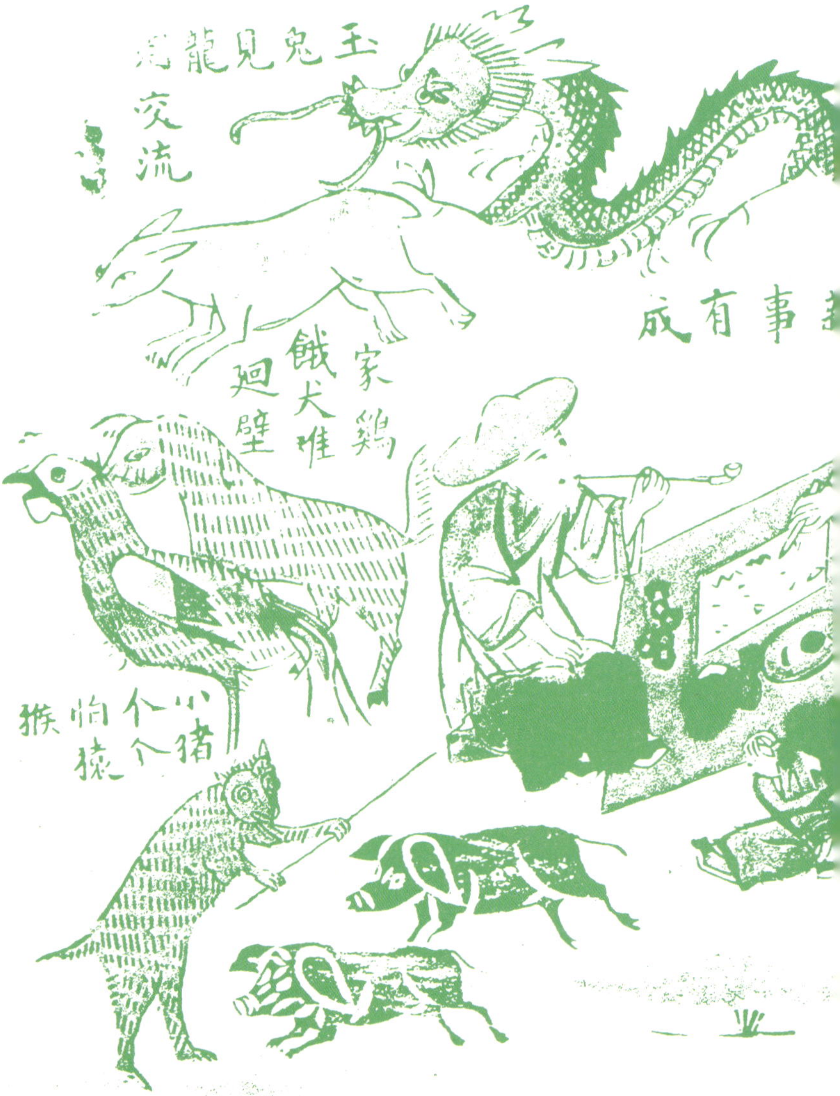